大切な人が病気になったとき、
何ができるか考えてみました

もくじ

はじめに

私は今、京都二条城近くで、芸大時代に出会った主人とふたりで、「モーネ工房」という名で活動している。自分たちの手で、紙や布、土などの素材で日用品を作る工房を始めた頃は、もの作りに興味があった若者たちに手伝ってもらいながら、カードや陶器を作っていた。彼女たちには、手伝う経験がもの作りを学ぶ機会となっていたようで、今はそれぞれのジャンルで活躍し、ときにはモーネの仲間として一緒に関わってくれている。主人が会社を辞めてともに活動することになった九年前からは、工房に加えて、もの作り学校の「寺子屋」、学校の展示室のような「ギャラリー」と、活動は三つに広がった。

寺子屋には、十代から五十代までの大人と子どものクラスがある。何かの型を教わるのではない。ものの見方が変わると、日常のなかにもの作りのアイデアや材料が見つかることや、さまざまな素材でもの作りしながら、作ったものが人と人とのやりとりを豊かにすることを伝えるほか、手を動かす時間の積み重ねのなかで、年齢の異なる同級生にも刺激を受けながら、自分にしかない個性に気づいてゆく。そんなもの作り学校だ。

だから、ここに集う仲間も卒業生も、かなり工夫する力をつけてきたと思う。

活動が広がり始めた、五十歳をすぎた頃。親が倒れ、介護するという多くの人が経験するもうひとつのチャンネルが、私にも突然やってきた。それまでは仕事の忙しさを理由に、親のことは無関心。倒れた頃はいろいろなことが勃発し、訳がわからないまま、救急搬送されて病院に行くといったことが何度もあった。病院の空気に、付き添う私まで緊張して、息がつまりそうにしんどくなった。そして、ここに散歩していて目にする道端に咲く草花や夜空に輝く星のような、何気ない日常がほんの少しでもあったら、ほっとできるんじゃないか、といつも思っていた。もちろん医療側の安全を最優先した上でのことだけれど、親に付き添って何度も病院に行ったことで培った経験は、偶然にもモーネがその後、関わるようになった、病院内へのもの作りに生かされたように思う。

親の病気と、病院内のもの作りに関わりを持ったのが、同じ時期だったことで、医療とはまた違った視点からの、人の心に届くビタミンが、確かにあることに気づくことができた。大切な人が病気になったとき、想う心をカタチにしてみる。寄り添う人ができることを、ふたつの経験から綴ってみた。

カバー・扉の作品　モーネ寺子屋グラフィック工芸コース1〜10期生
構成・編集　赤澤かおり
ブックデザイン　関宙明（mr.universe）
special thanks　森合音

第1章　寄り添う人にできる小さな工夫

母が脳出血で倒れたとき。病院に救急搬送され、家には戻れず、そのまま介護施設に入所した。それまでの私は、実家の親のことは顧みず、自分の仕事にばかり夢中になっていた。親はいつまでも元気だと思っていたから、仕事で忙しいことを理由にして、実家のことはいつも後回し。旅が大好きな母に何度一緒にと頼まれても、「忙しいから、またいつか」とか、「義母さんのことがあるから」と、結婚してから親を旅に連れていったことはなかった。そんなだったから、突然やってきた母の病気に、本当にうろたえてしまった。そして、今までの自分の冷たい言動をものすごく後悔した。リハビリのためにと施設を選んだけれど、それはかえって母の心を止めてしまうことになった。リハビリにも気力がなくなり、ただ家に帰りたいと繰り返す母の想いを最優先して、七十九歳の父との老々介護を、私と妹とでサポートする覚悟をし、ようやく家に戻すことを決断した。

家に戻ったとき母を診てもらうために、私のかかりつけ医で、西洋医学に漢方などを合わせて総合的に診察されている京都の診療所へ、妹とふたりで母を連れていった。病状以外に、性格的なことや、病気になる前の母の暮らし方、倒れたあとのことなど、できるだけ詳しく説明した。先生は、静かに私の話にずっと耳を傾けて聞いてくださった。

私の仕事が忙しくて、一時間くらいで行ける実家にお盆とお正月しか行ってなかったことや、電話も一週間に一度くらいしかかけていなかったことを話したとき。先生は強い口調で「どんなに忙しい日でも、電話一本くらいできるでしょ?!」と、言われた。

医師からのひと言が、治療のことではなく、電話をかけるということにはっとした。

母の病気を治すことを、すべて医師に依存していたこと、時間がなかったのではなく、母を想う心がなかった自分に気づいた。それからはどんなときも「電話一本くらいできるでしょ?!」という医師からの言葉が、私を動かした。母が倒れて三年して、介護していた父も病気になり、父と母、ふたりのことをいつも心のどこかに想い、自分にできることを考え、おまじないのようなことでさえも実行し、工夫し続けた七年間となった。その間、助けられたのは同じように家族の病気と向き合っていた仲間や寺子屋の生徒、近所のお店の方々から聞かせてもらった言葉や情報交換など。おかげで自分ひとりでは気づくことのなかったことにも気づけ、支えてもらってきた。

この章では、父と母に心を寄せた私の小さな工夫と、モーネに集う仲間や生徒たちのそれぞれの工夫を、綴ってみた。

1　母が入院したとき

ティッシュボックスに貼った家族写真

自宅で意識がなくなり、母が救急搬送されたとき。救急の集中治療室でひと晩すごさなくてはならなくなった母を少しでも安心させたくて、思いついたのがこのアイデア。集中治療室には仕切りがないせいか、あちこちから医療用の電子音が聞こえていた。しかもベッドまわりには、点滴を吊るすポールや心拍数と血圧を測定する機械があって、カーテンも仕切りというにはほど遠く、他のベッドもほぼ丸見えの状態。元気な私でさえ体が硬直してしまうような空間だった。ベッドで横たわる母にはなおのことときつかったようで、いつもは見ることがない、とても不安気な顔をしていた。母が少しでも安心できるように、ひとりじゃないよ、みんな一緒にいるよ、という気持ちを伝えたいと思い、ベッド付近に家族の写真を貼りたいと思った。けれどもベッドまわりに壁はない。そこで母もすぐに目にとまるだろうと、ティッシュの箱に貼って、ふとんの上に置いてみることに。

翌日、一般病棟に移動になっていた母は、ベッドの上でティッシュの箱を右手に抱きながら「これ、よかった。目が覚めてからずっと見てたのよ」と言い、微笑んでくれた。フォトフレームをサイドテーブルに置いても、気力や体力の弱った人にはベッド脇のテレビ台など、高い位置にあるものは見えにくい。入院時に病院から指示される準備物に必ず入っているティッシュの箱なら、たとえベッドの上に置いていたとしても、お医者さんも看護師さんもそのままにしておいてくれる。

母が想像以上にとても喜んでくれたので、モーネのブログにこのことを書いた。すると、たくさんの方から「先月子どもが入院していたので、こんなふうにしてあげたらよかった」、「おばあちゃんが今度入院するときには、愛犬の写真を貼ろうと思います」などといった、メッセージをいただいた。ティッシュボックスに貼られた写真は、患者にとっての安心になるし、医療者との会話のきっかけにもつながると思う。

安心の目印にと、箱の側面に家族写真を大きくカラーコピーして貼ったもの。

病院で役立つ文房具

何かと役に立つことが多いので、病院に必ず持っていくことにしている文房具がある。ひとつはノート、それと黒の太い油性ペンとマスキングテープ。ノートはリング式の一ページずつちぎれるタイプで、看護師さんへのメッセージを壁に貼ったりすることもできるし、医療者から説明される治療のこともすぐに書きとめられる。黒の太い油性ペンは、持ち物に名前を記すときや紙に看護師さんへのメッセージを書くときにも太いほうがはっきり見えて伝わりやすいけれど、日用品に黒で名前だけを書くとあまりにも素っ気ないので、例えば、ストローつきのプラスチックカップには「私がいつも横にいてるよ」と感じてもらえるように、スマイルマークのイラストと「お母さ〜ん」と声かけしているような文字を加えて描くようにした。

職業柄、デザイナーということもあり、私は視覚でわかるものを好むし、他の人もそのほうが理解しやすいと思っている。だから母の病室にも「ポスター」という呼び名をつけて、母の好きな富士山の写真やメッセージなどを貼っていた。そんなとき、壁を傷つけないマスキングテープは必須アイテムなのだ。

病院で役立つ文房具は、いつも中身が見える透明のチャック式の袋に入れて病室に置いている。リング式ノートと油性ペン、太いサインペン、マスキングテープ、両面テープ、丸シールなど。

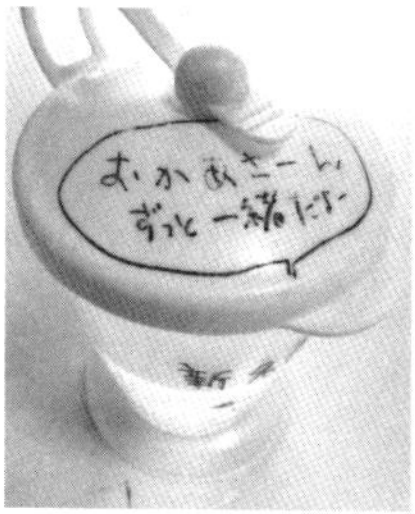

母の入院で、これが食事のときにも役立つことに気づいた。毎回出てくるプラスチック容器に入ったデザートのゼリーは、プラスチックのトレーの上では同じ素材同士で滑るため、右手しか動かせない母には食べにくかったのだ。そこでマスキングテープを輪にして、容器の底に貼ったところトレーに固定され、母はひとりでもスプーンですくえるようになった。

　このことを看護師さんに

話したら「すごぉーいアイデア！」とびっくりされた。翌日も廊下で出会った別の看護師さんに母の食欲を尋ねたところ、同じように感激してくださったので、帰る前に「ゼリーのカップはマスキングテープを輪っかにして固定してください」と紙に書き、目立つように蛍光色のマスキングテープで貼っておいた。二日後、看護師さんから「ゼリーのカップは大丈夫だったけれど、アイスクリームはマスキングテープではとまらない」と言われた。確かにアイスクリームのカップには底に凹みがあるし、冷やしてある紙のカップだからつきにくいのかもしれない。低いココットのような陶器にアイスクリームのカップをはめ込んでもらったらいいかもと思いつき、家にあった器を持参してみた。ぴったりはまってアイスクリームのカップも無事安定した。

このやりとりがあってからマスキングテープはメッセージを貼りつけたりするにはもちろん、こういった役にも立つものと看護師さんたちにも気づいてもらえたように感じている。しかも、看護師さんに何か伝えたいとき、蛍光色のマスキングテープや丸シールは気にとめてもらいやすいということにも気づいた。

家族からのお願いポスター

看護師さんへは、母の体調のこと、左手足がマヒしていることなど、身体的なサポートのお願いも大事だ。大きな病院では看護師さんがほぼ毎日かわるので、母の病状や変化を事細かに把握してくれているとは限らない。しかも、脳出血による障害によって、言葉を発することができたとしても単語をふたつくらいがやっと。例えば、ずっと車椅子に座っているため、お尻が痛くなったりすると、ヘルパーさんに「おしり、痛い」。おなかがすくと「おなかが、すいた」といったふう。そこで母のかわりに「左手にさわると痛いので」とか「声が出にくいのでイエスかノーの返事は、指を上げてもらってください」などと紙に書き、マスキングテープで貼るようにした。

入院からしばらくたち、母の体調が落ちついてきたので、手描きではなくパソコンでA3サイズの大きなポスターを作って、「母は在宅を望んでいるので、できるだけ車椅子に座る時間をふやしていってください」とはっきりと見える太めの文字で記した。そこに私の携帯番号も書き加えて出力し、病室の壁に貼った。「あなたがこんなことを書いたから」と、リハビリをきびしくされることを、母はこぼしていたけれど、このポスターは、私が病院に行けないときでも家族からのお願い

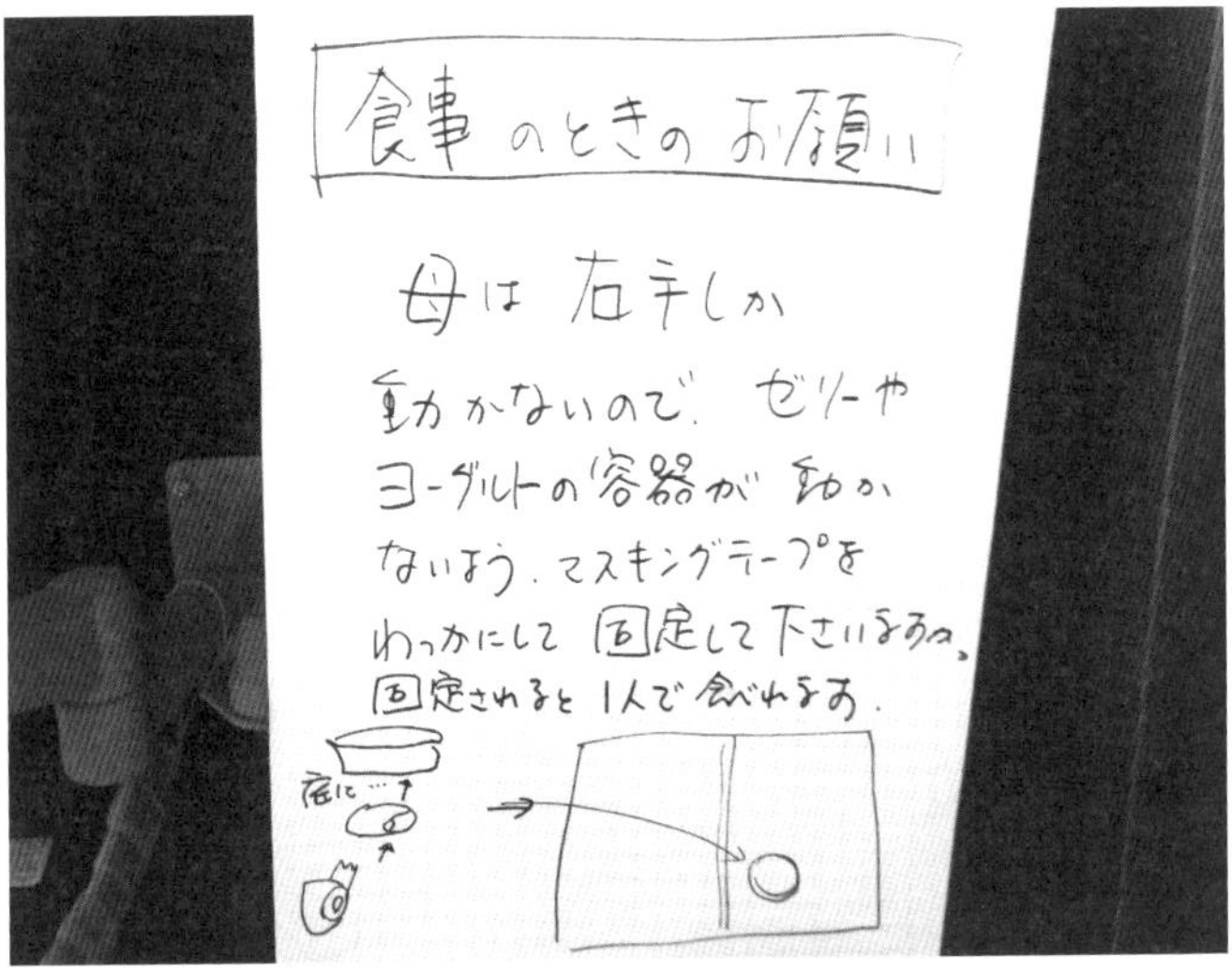

（上）毎日かわる看護師さんに伝えておきたい情報は、紙に書いてベッド脇に貼っておく。
（下左）自宅でも母やヘルパーさんに次の夢（目標）が伝わるよう同じくポスターを貼った。
（下右）真夏になると電灯のひもに吊るす「水分補給」をうながすしずく型のサイン。

ごとが医療者の方々にきちんと伝わる役目を果たしてくれていた。

こうしたポスターを、実家でもたびたび作って貼っている。夏に水分摂取量が少なくなったときは、しずく型の紙の表裏に目立つよう黒いマスキングテープを使って「水」「ミズ」と、漢字とカタカナで記し、電灯スイッチのひもに吊るした。しかもクルクル回って動くので、目にとまった。

母の微熱がつづいたとき、携帯電話をかけても、母は電話を耳に当てずに「もしもし」と繰り返すだけ。これでは会話ができない。それでこのときは、母の携帯の画面に小さな紙に「耳に当てて」とイラストを描き、貼ってみたりもした。

それぞれの病状や年齢などによって効果の差があるとは思うけれど、家庭内や院内にこういったポスターを貼ってみるのは、患者の家族と医療者とのコミュニケーションの可能性がまたひとつ広がるのではないかと思っている。

来る日がわかる手書きのカレンダー

新しく建てられた病院でも壁色を明るくしたり、絵を飾ったりするところがふえてきている。けれども、病室のカーテンは、ほぼやさしいピンクで、どの部屋も同じ。長く入院する人にとっては病室が自分の部屋になるのに、みんな同じなのは画一的だなぁと思っていた。だから、どこかしらに人間味のある人の手の跡みたいな部分がほしいといつも感じていた。

母が入院すると、私はまず最初に病室用の手書きのカレンダーを作る。ノートに太いサインペンでカレンダーの枠になる線をフリーハンドで引き、日や曜日を書き入れる。母がひと目見て、私たち家族がやってくる日だとわかるように日にちの枠のなかに蛍光ピンクのシールを貼るようにした。ほとんどが同じものでセットされた病室に、この手作り感満載の手書きカレンダーをかけることで、母個人としての空間にもなるし、会いにいった私もほっとする。個を感じるためにも、空間をやわらげるためにも、病室には手書きによる人の温かみや手の跡が感じられるものが必要だと思う。しかも、家族の予定や来る日がわかる、母の安心にもつながるカレンダーだ。

これがあることで、嚥下障害《えんげしょうがい》で食事も介助しないとならない母に対し、看護師さんは「あと少ししたら娘さんが来られるので」と、食事の時間をずらしてくださったり、ナースコールで母が「娘に来てほしい」と訴えたときにも、カレンダーに時間まで記しておくことで「もうすぐ娘さん、来られますよ」と、伝えてくださったこともあった。

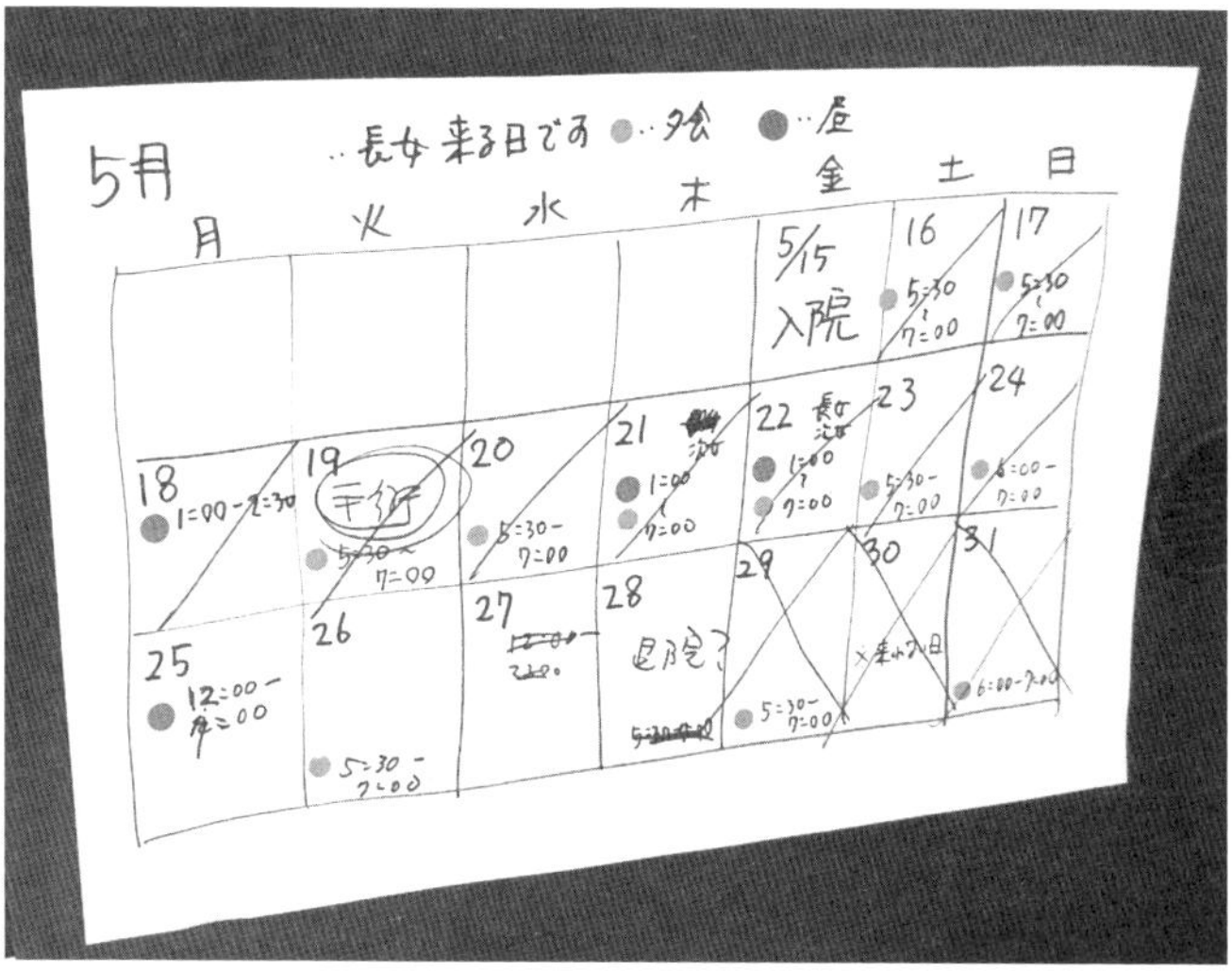

手書きで作る病室に貼るカレンダーは、いつ私が行くかを時間帯で書き記しておく。いつも2週間分にするのは、早く家に戻ってほしいという願いから。

紙と指でコミュニケーション

一カ月以上、原因不明の微熱がつづき、少しずつ体力も気力も萎えてきた母。介護の現場からは認知症の検査を、と言われた。けれども私は、今の体の具合や今後の在宅看護の方法など、母自身がどうしたいと思っているのか、病院に行く前にどうしても確認したかった。ヘルパーさんや訪問の医師から鬱状態かもと心配されていたし、要介護5で自立不可、ベッドで寝返りができないなど、父が他界してからもひとり暮らしで在宅介護をつづけていること自体が、とても珍しいケースだった。でも、母が在宅介護を強く望むならと、妹と力を合わせてヘルパーさんや近所に住んでいる叔母夫婦にも協力してもらい、ギリギリの状態で現在まで母の、「家に住みたい」という希望をかなえてきた。どこまでつづけられるか、常に綱渡りのような二年半だったので、「認知症の検査を」と、言われたときは、もう在宅は無理かもしれないと思ったのだ。とはいえ、言葉が出なくても、反応が鈍くても、母が心ではどう感じているのか、私たちの言うことを本当に理解していないのかどうか、私が自分で認知症だと確認できるまでは納得できなかった。

母が倒れてから、私は知らなかった、というか、知ろうとしていなかった母のさまざまな顔を知った。例えば、私たち姉妹が嫁に出てから何が生きる支えだったのか、何が好きだったか、大事にしているかといったことなど。そのことを糸口に、「まだ自宅に住みたいか？・」とか、「富士山にまた行きたいか？・」など、決して口にはしないけれど、「妹か私に一緒に住んでほしいと思っているか？・」、「飲み込めないのは、口のなかに口内炎ができているからか？・」、「ごはんを飲み込むと口のなかが痛いか？・」、「漢方薬の粉薬は飲み込みにくいか？・」といった体のことも含めて、対話力が低下している原因として、思い当たることをパソコンで打ってA3サイズの紙に出力した。それを実家に持っていき、一枚ずつ紙芝居のように見せながら母にインタビューしてみようと思った。あとから聞いて知ったのだが、ベッドに横たわっている母はその当時、体内の水分も栄養も低下し、脳が萎縮してきていた状態だったそうで、うなずくことさえもつらそうで、紙を見せながら表情をうかがっていたけれど、イエスなのかノーなのかが、わかりづらい。それでうなずいてのやりとりはだめだ、と思った。私が何度も矢継ぎ早に尋ねすぎたのか、母は悲しそうな顔になり、ふとベッドの柵を握ろうと、右手の指を動かした。その瞬間、指なら、母の意志どおり動かせるし、返事をしてもらえるかもと思い「お母さん、イエスなら人差し指上げて。ノーならそのまま動かさないでね」と言ってみると十五個ほどの問いに対し、タイムロスすることなく人差し指で応えてくれた。コミュニケーションができなくなったように見えていたけれど、母は大丈夫だと思った。思わず笑ってしまったのは「富士山の旅にまた行きたい？」の質問に、ピンとまっすぐに指が上がったこと。人差し指一本だけだけれど、こうして母と対話できたことがものすごくうれしくなり、私は母の指先に自分の人差し指をあててみた。「なんかE.T.の映画みたいやね」と言うと、母も笑った。母は認知症ではない、と確信した。

そんなやりとりの翌日に点滴入院することになっていたので、母は病院内でのそれぞれのセクションで尋ねられる質問に、言葉ではやはり答えられなかったが、医療者に「イエスなら、人差し指を上げてくれますので」とお願いすると、医師はいろんな部分を押さえながら「ここ痛いですか？」と質問しては母の指を見て返事を確認してくれた。そして「お母さん、ちゃんとわかってられるんですね」と看護師さんが言ってくださった。この指一本の確認方法は、病気でつらいとき、体力をあまり使わずにすむ、コミュニケーション方法のひとつだと思う。

どこが痛いかなど問われた際、反応が鈍いと、母のようなケースは認知症だと判断されてしまいがちだ。でも、人差し指一本のコミュニケーションのように、瞬時に反応をすると認知症ではなく、ちゃんと理解していると医療者は判断してくれる。普段、元気な私たちでさえ、風邪をひいて熱があるときはボーッとする。ましてや母のように体に原因があるときにはなおのこと。でも小さなコミュニケーション方法の工夫は、やみくもに認知症が進行したと思われずにすむように思う。今も

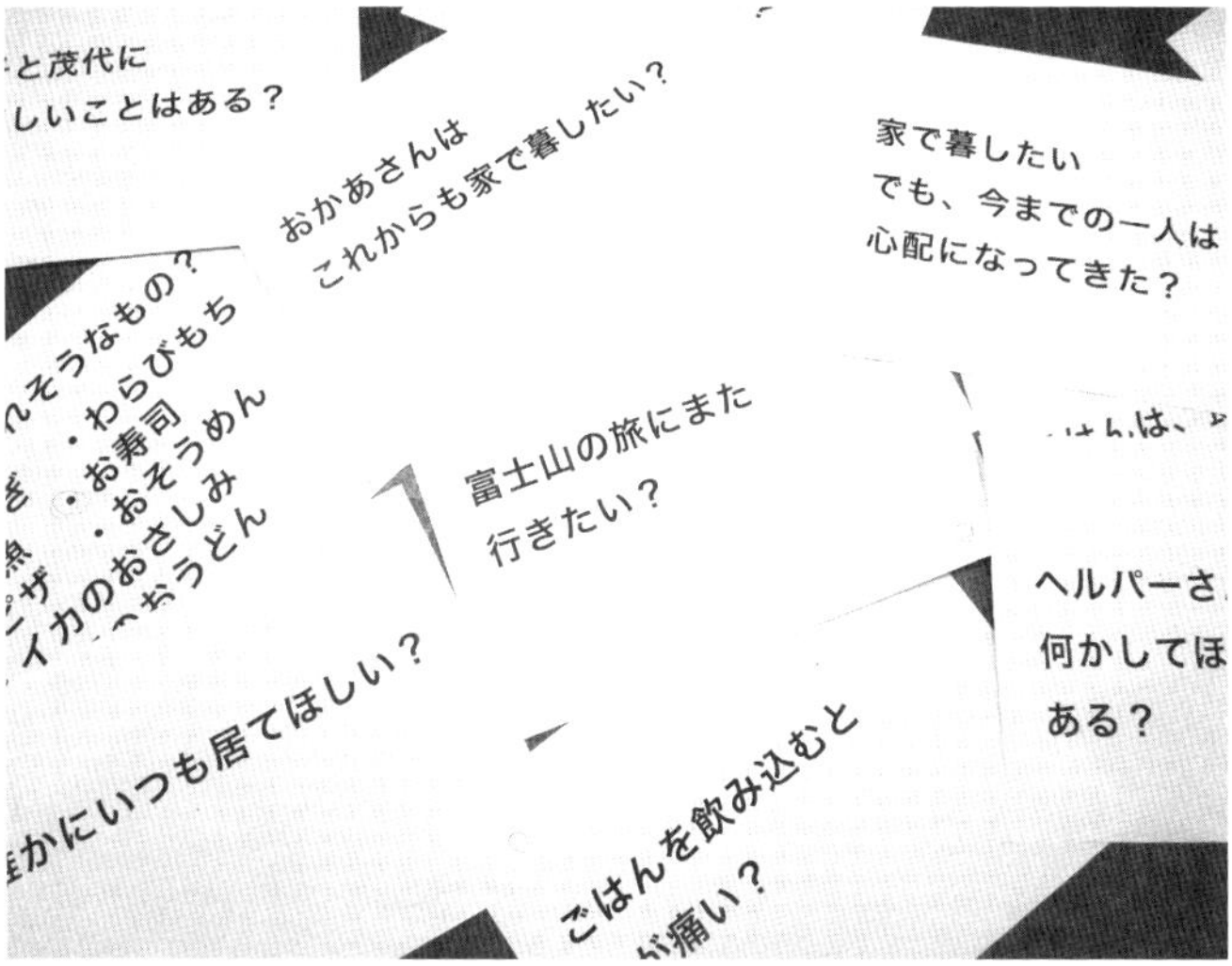

認知症の検査をと言われた母に、言葉を印刷したA3サイズの紙で、私自身が母の会話力を確認したもの。

在宅をつづける母がいる実家に行くと、帰りにお互いの人差し指でタッチして、ふたりで微笑んでから家を出る。

富士山のDVD

一カ月近くつづいた微熱による嚥下障害によって、水分や栄養が不足してしまったので、それを補充するための点滴入院のとき。救急外来に入院してさらなる検査を受けたところ、子宮付近に膿瘍が見つかり、急きょ、手術することになった。大きな病院での検査や手術の説明は、最悪のケースを伝えられる。病院側の責任として仕方ないことと、頭では理解しているつもりだが、医師のリアルな説明が恐ろしくて、心が折れそうになる。母も眉間にしわが寄ったままになり、私よりもっと不安になっていることが伝わってきた。入院してから唯一の楽しみでもあった食事も、手術前には不安と恐怖からかすっかり食欲がなくなり、ただひたすら手術の時間を待つだけとなってしまった。

母の生きがいは、富士山への旅だ。どんなに体調が悪いときでも、いつも「もう一度、富士山に行きたい」と言う。少しでも不安を減らして手術に向かってもらいたいと、母の大好きな富士山のDVDをノート型パソコンで見せることを思いついた。同室の方にペースメーカーをつけている人がいないことを看護師さんに確認し、少しの時間なら大丈夫とのことだったので、病室に持参した。

手術の日、母の不安な心を少しでもまぎらわせようと、ノート型のパソコンで母の愛する富士山のDVDを流した。

画面に富士山が映ったとき、母は動く右手だけで手を合わせるような仕草をし、静かにじっと画面を見つめていた。母の心に、夢という名前の点滴が沁みこんでいると思った。

声かけのきっかけになる素材

母は、脳出血の後遺症から言葉数も少なく、自分からはなかなか声を出さない。マヒしていないほうに点滴された手ではテレビのリモコンを自由にさわることもできない。だから、看護師さんが点滴の交換やオムツ替えにきてくれるとき以外は、ベッドの上でひとりぽつんといることになる。何か声をかけてくださっても母の返事がないことで会話が止まってしまう。お互い黙って点滴を交換したり、病衣を着がえるより、何か話題があるほうがその場が和やかになると思い、看護師さんが母へ声かけしてくれるきっかけになるものをいつも貼ったり、置いたりするようにした。

母の場合は、部屋から富士山が望める河口湖への旅のことがそんなきっかけ作りに役立っている。特に八十歳のときに出かけた富士山への旅で、ホテルからの贈り物の、富士山のかたちをした大きなバースデーケーキを前にした母の写真は何かと話題になりやすいようで、「うわ〜、このケーキ大きいね〜」、「私、富士山に登るのが趣味なのよ。五回も登ったの」などと、看護師さんたちがあれこれ話しかけてくださっていた。その後も孫たちの写真を貼ってみたりし、看護師さんが声かけできるきっかけになる素材を持っていくことにしている。

80歳の誕生日にホテルから贈られた富士山のかたちのバースデーケーキを前にした母の写真を病室に貼った。

はがきを病院に送る

母が倒れてすぐに半年間をすごした介護施設は、携帯電話を使用することができないところだった。しかもそのあいだの私は通常の仕事に加え、大学の講師もしていたため、一週間に一度しか施設に行けず、という日々がつづいた。そこで、会えないあいだは母との想い出を切り紙にし、はがきに貼って送ることにした。その後、入院したときにも、私が病院に行けない日はひとりでは動くことのできない母へはがきを送った。

母が年末に入院し、病院でお正月を迎えることになったときのこと。料理下手な私だが、お節の黒豆だけは母に教わって上手に煮ることができるので、毎年多めに作って実家へ持っていき、母にお味見をしてもらうのが恒例となっていた。今年は入院中で絶食中だったため、今年も上手く煮えました、と黒豆の切り紙はがきを送った。新年、母に会うと開口一番、「看護師さんが渡しにきてくれた」と言ってくれた。郵便物が病室へ運ばれることで、そのぶん見回ってもらう回数が一回ふえる。文字だけではない切り紙のはがきとなると、ひと目見てわかるので職員さんや看護師さんとの話題にもつながっていく。切り紙を貼ったはがきには、こんなふたつの効果があるように思う。

病室にも家と同じように郵便物は届く。切り紙はがきは、携帯でメールができなくなった母に娘が想う心を伝えるアナログな交信手段。

テキスタイルの力を借りる

病気で弱気になっている病衣を着た母に会うと、何だかものすごく歳をとってしまったように感じてしまう。それは病気で顔色がよくないことやずっと床に伏しているため、髪を整えていなかったり、などといったこともあると思う。ある日、たまたま家にあったいただきもののカラフルな花柄のブランケットをベッドの足もとに掛け、「これ、どう?」と聞いてみた。母は、「いいわ。明るくなった」と、気に入ってくれた様子。たまたましてみたことだけれど、なんだか花柄のブランケットがあるだけで病室にいる母が、少し元気になったように見えた。

すぐ乾く手ぬぐいも、入院のときは何かと役に立つので多めに持っていく。このときも、どんな柄を持っていくかを、いつも考える。私が母用に選んだ柄は、南天柄の手ぬぐいで、「難をふせぐ」おまじないも兼ねて、とモーネの仲間がくれたもの。テキスタイルの柄や色は、病気の人や、寄り添う人にも、見た目から気持ちに元気をもらえると思う。

病室に柄があると華やかな部屋になる。手ぬぐいやタオル、ブランケットは、いつも柄物を選ぶことにしている。

人に弱音を話してみる

私は性格的に何かあったとき、ひとりで抱え込むことができず、すぐ人に話してしまう。モーネの仲間や生徒たちは、私の話を聞いては自分自身の病気や寄り添った経験を話してくれたり、いろんな手助けをしてくれる。そうすると、まだ私にも何かできることがあるかもしれない、と前を向くことができる。高齢の親の病気について、少し年上の先輩たちに話すと、たくさんの役立つ知恵を教えてもらえたし、父や母に寄り添ってきたこと、それによって出てくる悩み、問題などは誰もが経験することなんだと、心を丈夫にしてくれる。

大学時代の恩師が病気で車椅子生活を余儀なくされたとき、奥様はお目にかかるたびに「車椅子だって、電車に乗ってどこへでもひとりで連れていけるわよ」と明るくおっしゃっていた。その言葉を聞いていたおかげで、母が自立不可で車椅子でも、富士山が望める河口湖への旅を実行することができたと思う。

母が手術をすることになったこの入院は、もう家に戻れないかもしれないと、私はかなり弱気になっていた。それでつい、いつも行く和菓子屋さんのおかみさんにまで、母の入院の話をしてしまった。おかみさんは、お忙しいのにもかかわらず、静かに私の話を聞き、ご自身のお母様の経験を話してくださった。いつもは穏やかな口調のおかみさんが、「お年寄りには家が一番。介護のことは工夫すればなんとかなるから。家が一番よ」と、まっすぐにはっきりとそのときのことを話してくださった。そのおかげで母の在宅への希望が持てたし、母の希望通り、家に戻そうと思う勇気をもらえた。

そのとき教わった「味のないおかゆも、上に細かく刻んだ好きな鰻がのってると食べてくれる」、「葛には栄養があるから、飲みやすく溶いた甘みもいい」といった嚥下食《えんげしょく》の工夫は、無事退院して在宅をつづける母にとっても役に立っている。膿瘍がとれ、微熱がなくなると、信じられないくらい早いスピードで戻り、二週間ほどで普通食が食べられるようになった。

帰りぎわ、おかみさんに「こんなことまでお話ししてしまって本当に申しわけありませんでした。でも、なんだかお日様にあたったようなほっこりした気持ちになれました」と言ったら、「他の人にも話しなさい。みんな、いろんな経験をされているから」と、笑顔で返してくださった。自分が信頼できる人には素直に弱音を口にしてみることは、今の自分にできることの糸口が見つかるひとつの方法だと思った。

2 父が入院したとき

父の個性を伝えるポスター

元気なときでさえもコミュニケーションをとることが苦手だった父は、かなり体調が悪くなって入院したときには、医療者に認知症なのだと誤解されてしまった。そこで、片方の耳が聞こえなかったことや性格的なことなど、どうにかして父独特の個性を医療者側に伝え、理解してもらおうと思った。家族がつき添えない時間にどうやったら父とコミュニケーションをとってもらえるかは、父が入院してから私が一番考えたことだったと思う。

父は晩年、新聞紙を素材にした富士山と魚を何千枚も切ってノートやはがきに貼りつけた、切り紙に夢中になっていた。そのことは雑誌に掲載されたりしたので、口にはしなかったけれど、あまのじゃくな父は、自分の生涯で最も誇りに思っていると感じていた。子どもでも大人でも誰にでも、その人にしかできないことは必ずあるし、持っていると思う。そのことを知ったり、どんな存在でも自分が誰かの役に立っていることがわかると、病気のときでも、その人自身の、その瞬間の生きる力になると信じている。体のことは医療者にまかせ、私は父の「誇り」を目に見えるカタチにして医療者の方たちに伝えることだけなら、できると思った。私はすぐに千枚の富士山を切り紙にしたときの展示風景の写真や、父が取材された雑誌や新聞記事のカラーコピーをベッド脇の棚に貼った。すると、「お父さん、すごいね〜！」、「こんなにたくさん切ったんだ！」、「富士山は世界一の山やものね」などと看護師さんたちが、声をかけてくださった。とくに父の顔写真入りの取材記事には、医療者の人もひと目見ただけで、ほめてくださる。父にとって切り紙は、人生で一番大きな「誇り」だったと思うので、記事をきっかけに医療者の方から声をかけてもらったことは、きっと心の深いところから満たされた、大きな喜びだったと思う。

80歳を越えてから、素人の父が富士山の切り紙1000枚の展覧会の偉業を成し遂げたときの写真。医療者に、こんなすごい父なんですと伝えたくてベッド脇に貼った。

声のかわりの大きい単語帳

入院してから父は、声がほとんど出なくなってしまった。そこで、つき添いができないとき用にと「のどが乾いた」、「トイレがしたい」など、父が伝えたい言葉をパソコンで打ってA3サイズの紙にプリントし、細長く切って厚紙に貼ってパンチ穴を開け、リングでつないで大きな単語帳のようなものを作ってみた。父に「これをめくって看護師さんに見せてね」と伝えた。父が自分の手でこの単語帳を持つ力がなくなったときには「ページをめくって父に見せるとうなずくと思うので」と看護師さんに伝え、父とのコミュニケーションに役立ててもらうようお願いをした。

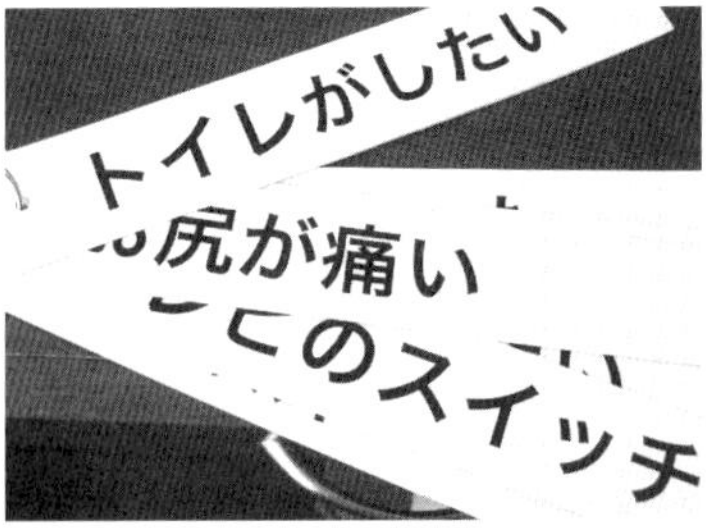

声が出にくくなった父の声のかわりに作った、リクエストを記した大きな単語帳。

家族からお願いのホワイトボード

父は片方の耳がほとんど聞こえなかったので、話しかけるときには聞こえるほうの左側から大きめにゆっくりと話さないと聞こえない。このことを看護師さんに口頭で伝えたが、担当の人が毎日かわるから大丈夫だろうかと気になっていた。病院からの帰り道、百円ショップで小さなホワイトボードを見つけたので、話しかける際の注意や、よく見ていたテレビのことを「父は高校野球をよく見ていたので、目が覚めたら野球にしてもらえますか」と書いておいたら、翌日ちゃんと高校野球をかけてくださっていた。父の容態が日ごとに変わってゆくので、看護師さんへのお願いもそのつど、紙ではなく、そのときどきの状況に応じて書きかえられるホワイトボードが合っていたと思った。

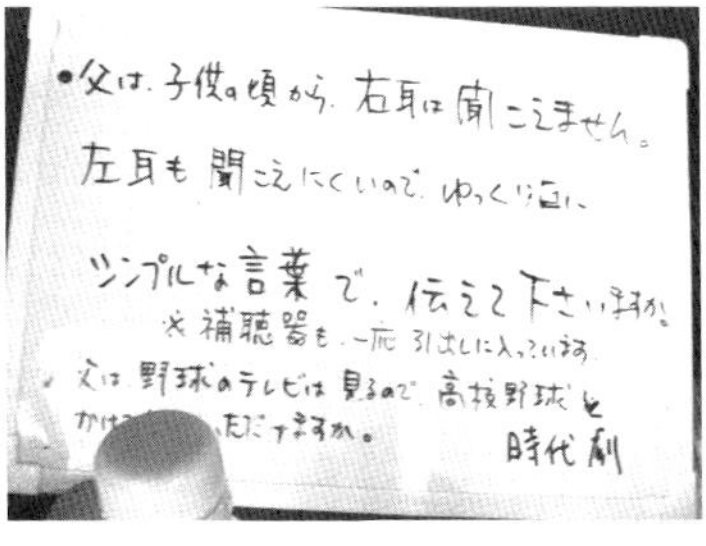
・父は、子供の頃から、右耳は聞こえません。
左耳も聞こえにくいので、ゆっくり目に
シンプルな言葉で、伝えて下さいますか。
※補聴器も、一応引出しに入っています。
・父は、野球のテレビは見るので、高校野球と
時代劇

日々変わる父の体調に合わせて看護師さんに家族からの希望を伝えられるように、ベッド脇に小さなホワイトボードを置いてみた。

富士山とタコ柄のタオルと手ぬぐい

病状が悪化してゆくにつれ、父は目が覚めていても顔を動かせなくなっていた。少しでも気力を取り戻してほしいと思った私は、顔を動かさなくても見えるように、父が切った富士山とバンザイをしているタコのかたちの切り紙で型を作り、ベッドの上に置けるようワッフル生地のバスタオルと手ぬぐいに型染めをした。気力が萎えているときに少しでも目に入るようにと、色は蛍光色のショッキングピンクと水色の染料にした。富士山柄のバスタオルはベッドの上にかけてみたら、病室がぱっと明るい空間になった。父が見ていたかどうかはわからないけれど、看護師さんは枕の手ぬぐいを交換するときに「お父さ〜ん、タコの手ぬぐいにしますよ〜」と、声をかけてくださっていたことが、うれしかった。

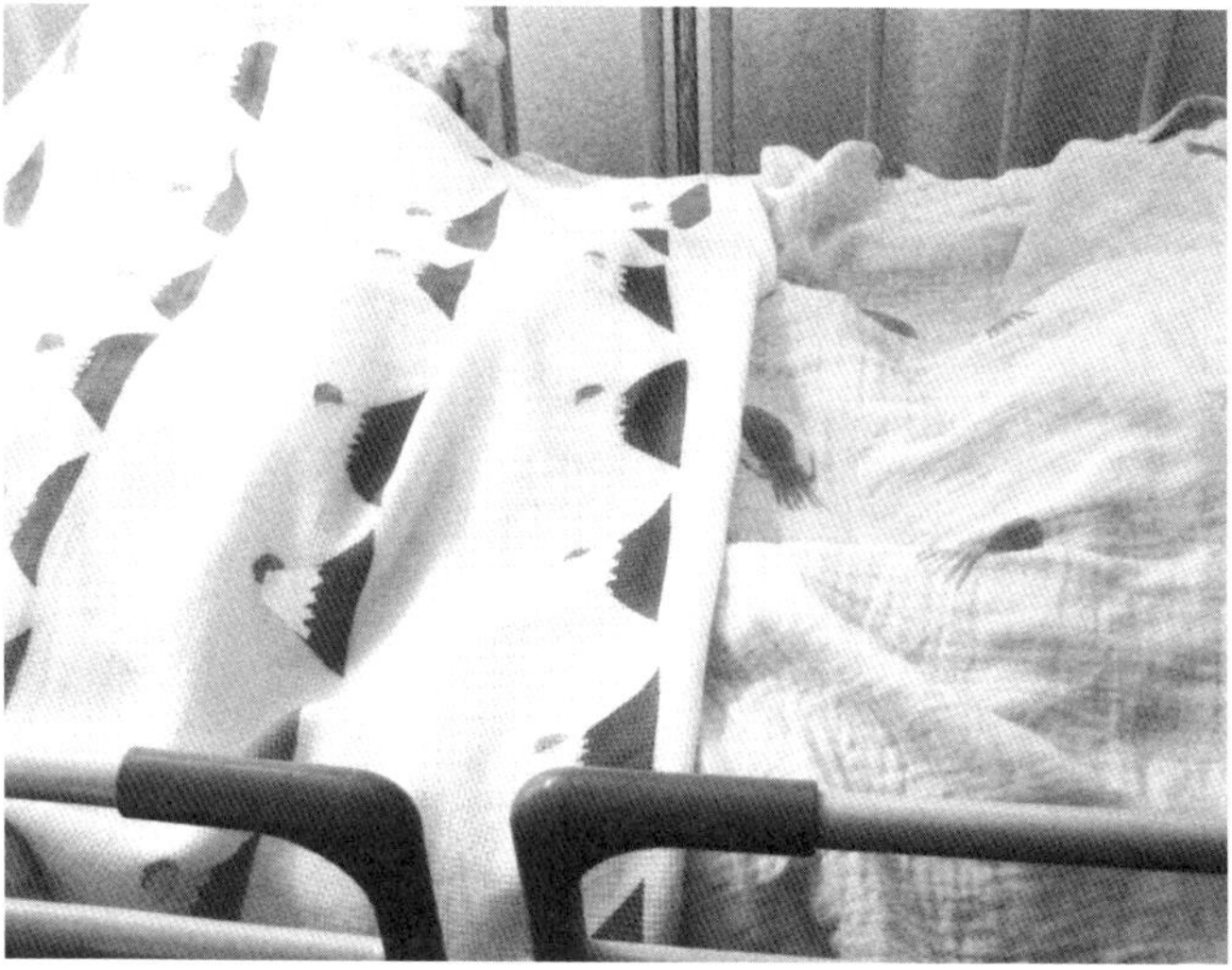

寝たままの父が目覚めたときに少しでも心を刺激できないかと、ベッドの上に置くためにつくった富士山柄のバスタオル。

Tシャツにプリントした家族写真

父はほとんど眠っているようになって、私たちが訪ねたときも起きているとは限らなかった。私は父がひとりで目が覚めたとき、さみしくないように、父が大好きな母や家族の写真が見えるようにしておきたいと思っていたが、個室のような特別な部屋でない限り、何かを貼れる壁は頭の後ろ側にあって、体力がなくなってきた父に振り返って見ることはできないのが現状だった。

病院からの帰り道、何かアイデアはないかなと考えながら歩いていたら、偶然通りかかったカメラ屋に貼ってあった、夏の思い出の写真をTシャツにプリントするポスターが目に入った。そうだ、これなら！　Tシャツは布だし、カーテンとなじむ。足元の上のカーテンレールにハンガーで吊るせば、父が目覚めたときに家族の写真が見られると思いついた。それに、私たちが病院に行くときに着ていったら、父はその場で見ることができる。

翌日、カメラ屋さんに画像データを持っていき、妹にも電話してTシャツのサイズを聞き、父と母や私、主人、妹一家のぶんもオーダーした。できあがったTシャツを病室に持っていって、クリーニング屋さんの軽くて細いハンガーで、カーテンレールに吊るした。父は眠ったままだったので

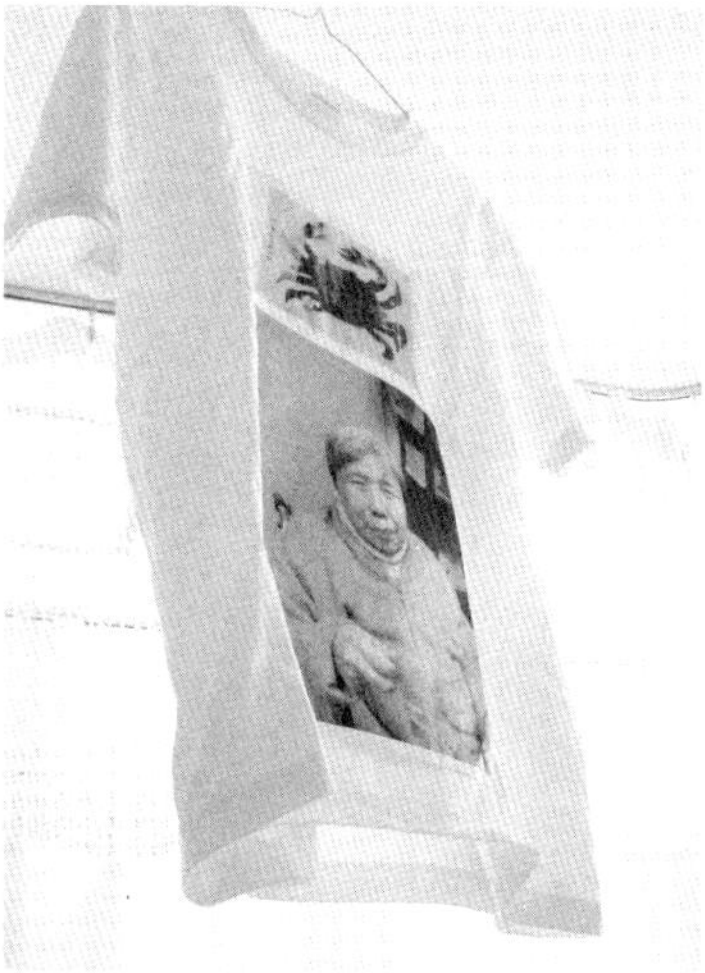

寝たままになった父の目に入るのは病室のカーテン。カーテンは布だから、Tシャツなら吊るしても大丈夫だと思いつき、家族写真を印刷したTシャツも、父の心の刺激のために。

そのままにして帰った。でも、翌日行くと、Tシャツは父の頭の上の点滴ポールに移動されていた。これでは振り返らないと見えないから意味がない。カーテンレールにならら大丈夫だと思ったのになぁとTシャツをはずしていたら、その日担当の看護師さんが「本当は、ベッドに点滴ポールはひとり一本のルールなんだけど、今日は点滴している方が少ないから、もう一本貸してあげますよ」とウィンクし、Tシャツが吊るせる点滴ポールを持ってきて父の足下に立ててくれた。個人的な気持ちに寄り添ってくれた看護師さんの対応に涙が出そうになった。

相部屋のベッドで自由に動けない人も家族の写真がいつでも見られるように、ベッドの上に吊るせるフックがあったら、家族のTシャツだけでなく、家族写真を吊るしたモビールも作ったのに、と思った。

紙で伝えた父へのありがとう

情けないけれど、母のことと父のことを心から尊敬したのはふたりが晩年になってからだった。父に似てあまのじゃくな性格の私は、素直にその気持ちを口にできないままでいた。入院してから父は、あっという間に、両耳とも聞こえなくなり、声も出せなくなった。目だけはときどきうっすら開け、紙に書いた言葉にはうなずいてくれた。

病状が悪化していく父に、今の自分の気持ちを伝えたかった。パソコンの太いゴシック体の文字で想いをプリントした。できるだけ短い言葉で。「お母さん、家で頑張ってるからね」、「お父さん、生徒が切り紙すごいって」と、紙芝居のようにゆっくり紙をめくって、父に見せた。「わかる？」という私の声に、父はどの紙にも一枚ずつ、ゆっくりと目を閉じては、うなずいてくれた。本当は「ありがとう」の言葉を見せたかったけど、それを伝えると父の命が終わってしまうようで、文字にはできなかった。

最後に見せた言葉は「お父さんは本当に偉い。尊敬してます」。これが亡くなる二日前に伝えられた、父への想いを綴った最後の言葉となってしまった。小学校しか出ていなかったことで大学を出た娘にコンプレックスを感じていた、と父がヘルパーさんに話していたことを知ったのは、他界してからのことだった。でも最後の最後に伝えた、娘からのありがとうの言葉、受け取ってくれたかな。

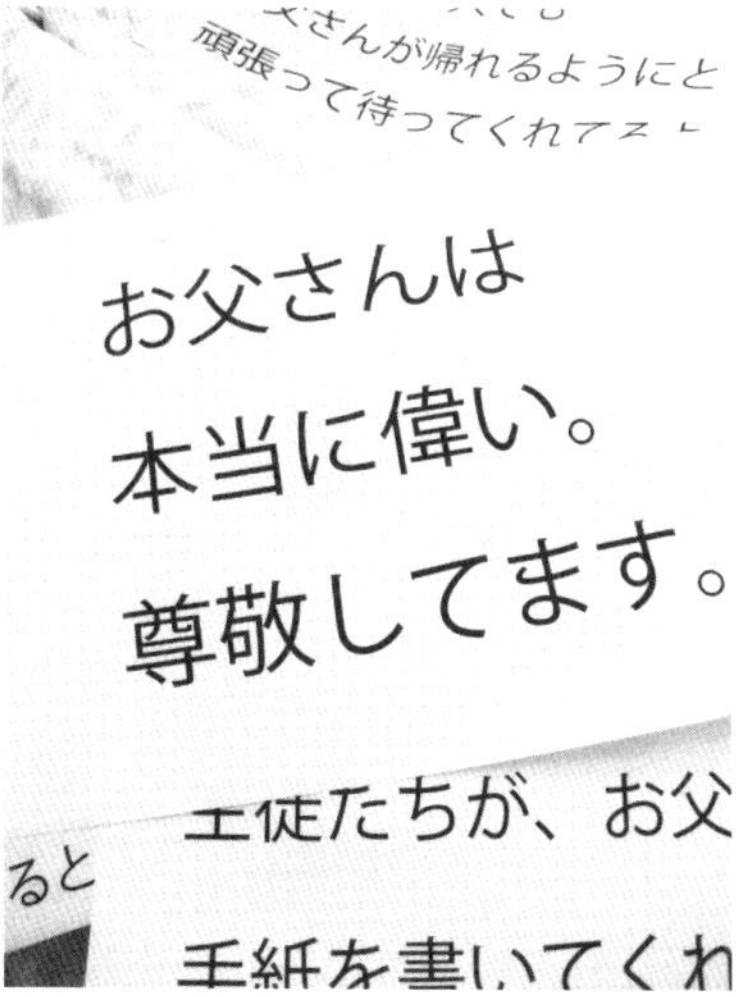

両耳が聞こえなくなった父に、大きくてはっきりした文字でプリントして、想いを伝えた紙。

3 家族と医療者とのコミュニケーション

医療者とのコミュニケーション

私は医師から医学用語の専門的な病名や身体の部位のこと、治療方法などを説明されても、その場では理解できないことがほとんどだった。だから病院での医師とのコミュニケーションは、いつも大きな課題になる。そんな私がありがたく思うのは、統計的な病気の数値やデータにしか触れない、あるいは病気の症状だけしか診ないといった医師ではなく、患者の人柄をわかろうとしてくれ、かつ自己治癒力も大切にしている医師に出会えたとき。患者も家族も病気になったら、不安になる。事実、治療が難しいとされている病気でも諦めず何かできることを考えてくれたり、責任回避ではなくひとりの人間として、患者や家族を想うひと言をもらうと、泣きそうになるし、心にも体にもその言葉が沁み入る。自己治癒力を信じている先生と出会えると、安心できるし、信頼もできた。そんないくつかの経験を記したいと思う。

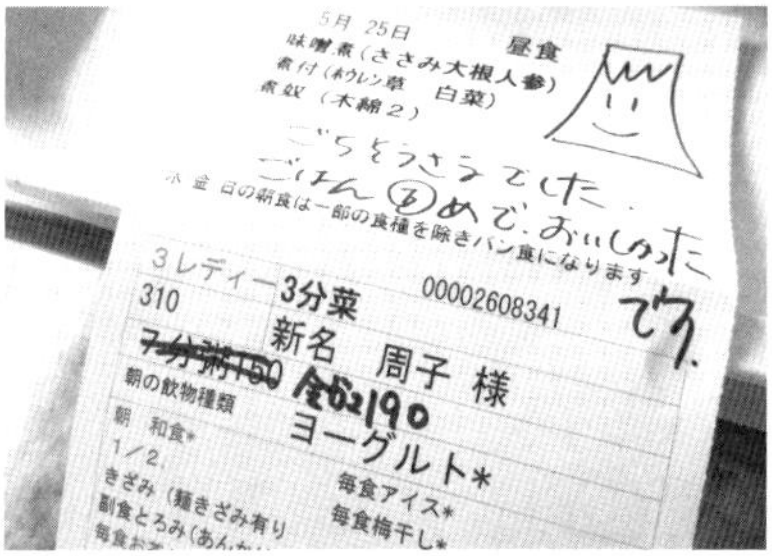

食事トレーに添えられる献立表に、感謝の気持ちとその日の母の食事の状態を書き添えて、直接会えない栄養士さんに情報を伝達した。

父の入院時、病室に回診に来た担当医の先生が、私に「お父さんに嫌われているみたいで、上手くコミュニケーションがとれなくて」と言われた。そのとき、目をつぶって眠っていると思っていた父が、足先で私のお腹を蹴って何かを訴えた。先生はびっくりして、「お父さん、しっかりしてはるんですね」とおっしゃった。「そうか、父はわざと眠ったふりをしてたんだ」、元気なときでも人とのやりとりが得意ではない父と、先生とがコミュニケーションできていないことに気がついた。そういえば、先生は私に父の病名を説明してくださったときも、専門的な用語が多く、早口で理解しにくかったし、父もわかりにくかったんだと思った。「先生の話される内容には、専門的な用語がとても多いので、私たちには理解しにくいんです。話すスピードも少し速いので、私でも理解しづらいので、父にはもっと難しいんだと思います。もし先生に四、五歳のお子さんがおられたら、どんな言葉で伝えるか、父をご自身のお子さんだと思って、シンプルにゆっくりと伝えてみていただけますか」と、お願いしてみた。先生は小さな声で「あっ」と言ってくださった。父への声のかけ方に気づいてくださったことにほっとした。

母の入院中にも、栄養士さんとのやりとりでよかったと思えたことがあった。

母は術後の経過がよく、食事を飲み込む力も入院前よりかなりよくなってきて、食欲も増してきた。元気になってくると、病院の嚥下食のお粥では物足りないと訴えるので、担当医にその旨を伝えようと思ったら、週末でお休みとのこと。そこでトレーに貼ってある患者ごとの献立表の紙に「ごちそうさまでした。しっかり食べられるようになったので、もう少しご飯にかたちがあっても大丈夫です」と、ペンで書いてトレーを戻しておいた。翌日、母にご飯がどうだったかを尋ねたら、少しかたくなっていたとのこと。七分粥を出してもらえたようだった。いつもトレーを戻すとき、顔を合わせることのない栄養士さんに感謝の気持ちを込めて「ごちそうさまでした」の言葉とスマイルマークや富士山のイラストも書き添えて、廊下のカートに戻していたから、お願いメモもちゃんと読んでくださっていたかもしれないと思った。

週明け、初めて栄養士さんにお目にかかると「ご飯、大丈夫でしたか？」と、声をかけてくださった。大きな病院はとくに、患者側のタイミングだけでは、医師に会うことはなかなかできないし、直接関わっている看護師さんたちも毎日入れかわる。そんななか献立表に添えたメモで、待ち時間なく母のリクエストが担当の栄養士さんに伝わったことがうれしかった。

両親や義母、私を診てくださっている西洋医学に漢方などを合わせて総合的に診療されている先生は、私のようにすぐ興奮気味になったり、あきらめたくない気持ちから矢継ぎ早に質問するような性格の持ち主の患者にもきちんと耳を傾けてくださる。病気のときは不安な気持ちを抱え、病院に行く。けれども先生と話ができるとなんだか安心して、前向きな気持ちになって帰れる。きっとそれは、先生との会話のおかげだと思う。この先生は、患者との会話を大事にして、伝えようとすることを真摯に聞いてくださるのだ。待合室にかかっている「あたたかき心をモットーに大切な財産である健康の回復 維持 増進に奉仕します」の木版画を見るたび、患者に寄り添ってくださる先生の志が伝わってきて、ほっとする。待合室で待つ時間も、安心できる医院。「痛そうですね。つらかったでしょう」とか、「これでしばらく様子をみましょう」とか、「大丈夫ですよ。よくなりますから」と、心にも寄り添ってくださるから、とても安心する。

母が往診でお世話になっている西洋医学のクリニックの先生は、お世話になって一年ほどたった頃、真冬になって元気がなくなり言葉も少なくなった母を診て、元気がないのは、体のことではなく気持ちのほうからかもしれない。真冬は高齢者は鬱になりやすいのでと、休みの日に教会の日曜学校に連れだしてくださった。お話のあと、牧師さんが、いつもより少しオシャレな服を着て車椅子に座っていた母を「今日初めて来られた方です」と、紹介してくださると、母は、一番後ろの席から右手を高く上げ、その場にいた九十人近い人たちに会釈した。久しぶりに元気だった頃の母を見た気がして、先生が体も心も含めて母を診てくださっていることを、本当にありがたく思った。

モーネの仲間と婦人科のクリニックの女医さんとのやりとりで、いいなぁと思った話。

検査のあとの再検査をしたとき、彼女が心配性だと知っていた先生は、検査結果のチェック項目にエンピツで線を引き、「大丈夫です。そんな大げさなことではないので、時間のあるとき一度来てください。心配しないように」と、赤エンピツで書き添えてくださったそうだ。彼女は、不安な気持ちいっぱいで再検査の検査結果の封筒を開けたけれど、赤エンピツの手書きの線と文字がぱっと目に入り、すごくほっとしたと言っていた。どの病院でも受けとるクールな検査結果に、赤エンピツの手書きの文字がある安心感って大きいと、私も思うし、この女医さんの患者への思いやりを持った心配りにうれしくなった。

病気に向き合うとき、医師と患者という枠からほんの少しだけでもはずれ、小さな声に耳を傾けてひとりの人同士としてコミュニケーションができたら、病気を回復する方向に向かう自己治癒力の糸口が見つかるような気がする。

紙で情報を共有する

母は要介護5で、自立できず、ベッドの上で寝返りもできない。それでも六年以上も在宅をつづけられているのは、家族以上に親身になって接してくれるヘルパーさんやデイサービスの方々のおかげ。母の日々の食欲や食べ物の好き嫌い、マヒした左手の痛み、ヨダレの量、排便など、一週間に一度の私たちでは気づきにくいことも丁寧に伝えてくださり、そうだったのかと、知ることが多かった六年間だった。今も母の体調の変化に気づき、見守りながら日々をサポートしてくださっている。ヘルパーさんは、身体介助担当と家事担当などさまざまな役割があるため、毎日たくさんの人が関わってくださる。私も妹も、母と一緒に住んでいないので、日常の小さな情報をもっと共有することが大事だと思っている。母にとって唯一の連絡手段である電話の位置や携帯電話は開いておかないと手がうまく使えないので受けとることができないこと、メモに「ユニバーサル・スタジオ」と書かれていたから母が行ってみたいと

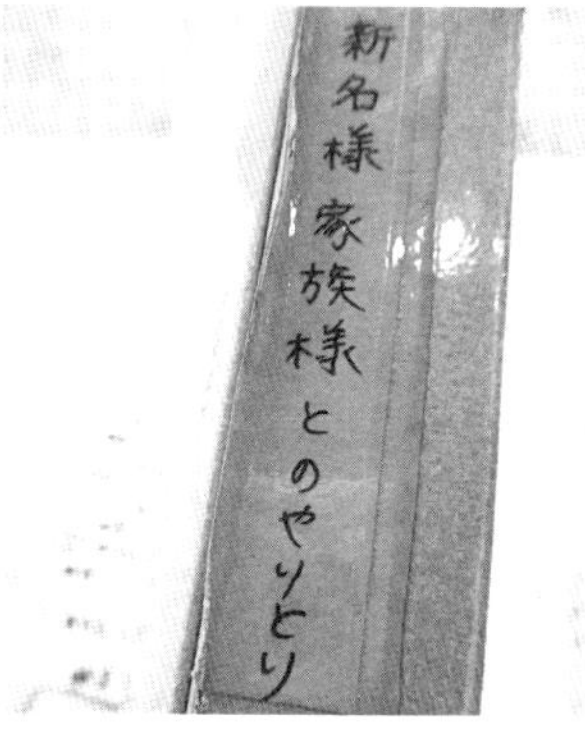

思っているかもしれない、などといったことを紙に書いて、ケアマネージャーさんと主任のヘルパーさんにFAXすることにしている。

倒れてからの母は、かなりコミュニケーションがゆっくりで、話しかけても投げたボールがどこかに消えてしまうような会話になったことがときどきあった。でもどんなに体調が悪くとも、母は家で暮らしたいと強く在宅を希望する。そのためにはけっこうなお金がかかるのだが、今の年金の範囲内で、要介護5の母の願いを叶えつづけるためにはどうすべきか、工夫の連続となってくる。母は、右手は動かせるので食事はなんとかひとりで食べることができるけれど、日常のほとんどのことをヘルパーさんにサポートしてもらわないと暮らしていけない。体調に変化があるときは、かかりつけの病院の先生やケアマネージャーさんと連絡を取り合って話し合い、それぞれの立場の方がさまざまな知恵を出し、考え、支えてもらってきた。

不思議なことに、在宅五年目がすぎた頃、突然、母のコミュニケーション能力が倒れる前と同じくらいに戻った。ヘルパーさんもデイサービスの方からも、母の会話が最近多くなったと報告を受けるようになり、母自身も「頭のなかの霧が晴れた感じがする」と、はっきりと言う。それは信じられない、うれしいハプニングだった。そのうれしいハプニングがやってきたのは、サポートしてくださる方々と家族とが、しっかりとひとつのチームになった五年もの時間があったからだと思う。

チームワークの要となったのは母の情報を共有するFAX。体調のことや生活まわりのこと、母のメンタル的なことなど、小さなことまで書いてFAXで伝える。ケアマネージャーさんからは、こんなにまめにFAXが届く家はないと言われた。毎月、翌月の私や妹が行く時間帯の予定表や、ヘルパーさんたちが誰でもわかるようレイアウトがえした台所の配置図、季節の変わり目の暖房や冷房対策のこと。妹からの食材がたくさん届いたときには「食材入荷しました〜！」と、届いた食材の内容と、三カ所ある冷凍庫のどこに入れたかをイラストで描き、スーパーのチラシのような食材お知らせのFAXを送った。ヘルパーさんの業務には直接関係のないことも、富士山の旅から「無事帰りました」と旅先での母の様子のイラストも添えた旅の報告FAXや、母が元気だった頃、私に書いてくれた手紙が出てきたときにも、母はこんな人なんですと、知ってほしくてFAXをしてしまった。母がうれしい言葉を口にしたときには、紙全体を自分の顔に見立てた、涙顔のイラストのFAXも送った。

送ったFAXの紙を私はほとんど捨てていた。けれども最近、ケアマネージャーさんから、わが家からのFAXはほとんどをファイリングして残していると聞き、そのファイルを見せていただいた。ファイルの背表紙が「新名様家族様とのやりとり」というタイトル。じんときてしまった。父が他界してからの約二年半ぶんのやりとりのFAXをパラパラとめくったとき、私や妹が送る

FAXに返信してくださる主任のヘルパーさんの返信FAXが多いことに、気がついた。返信をくださっていたことはもちろん、わかっていた。でも改めて見てみると、妹が実家に送る食材や衣類の細やかなリクエストや、私たちが聞くと元気になれるような母の言動も書いてあった。

　こんなふうに紙の蓄積を見ていると、やりとりの時間が再現されたようだった。母がこんなにも長く在宅をつづけていられるのは、家族のように母を想い、寄り添ってくださる、実の娘のようなヘルパーさんたちのおかげだなぁと改めて感じた。人の手書きのあたたかみも一緒に届くFAXのやりとりは、立場の違う人たちをひとつにつないでくれる、頼もしいコミュニケーション手段だと思う。

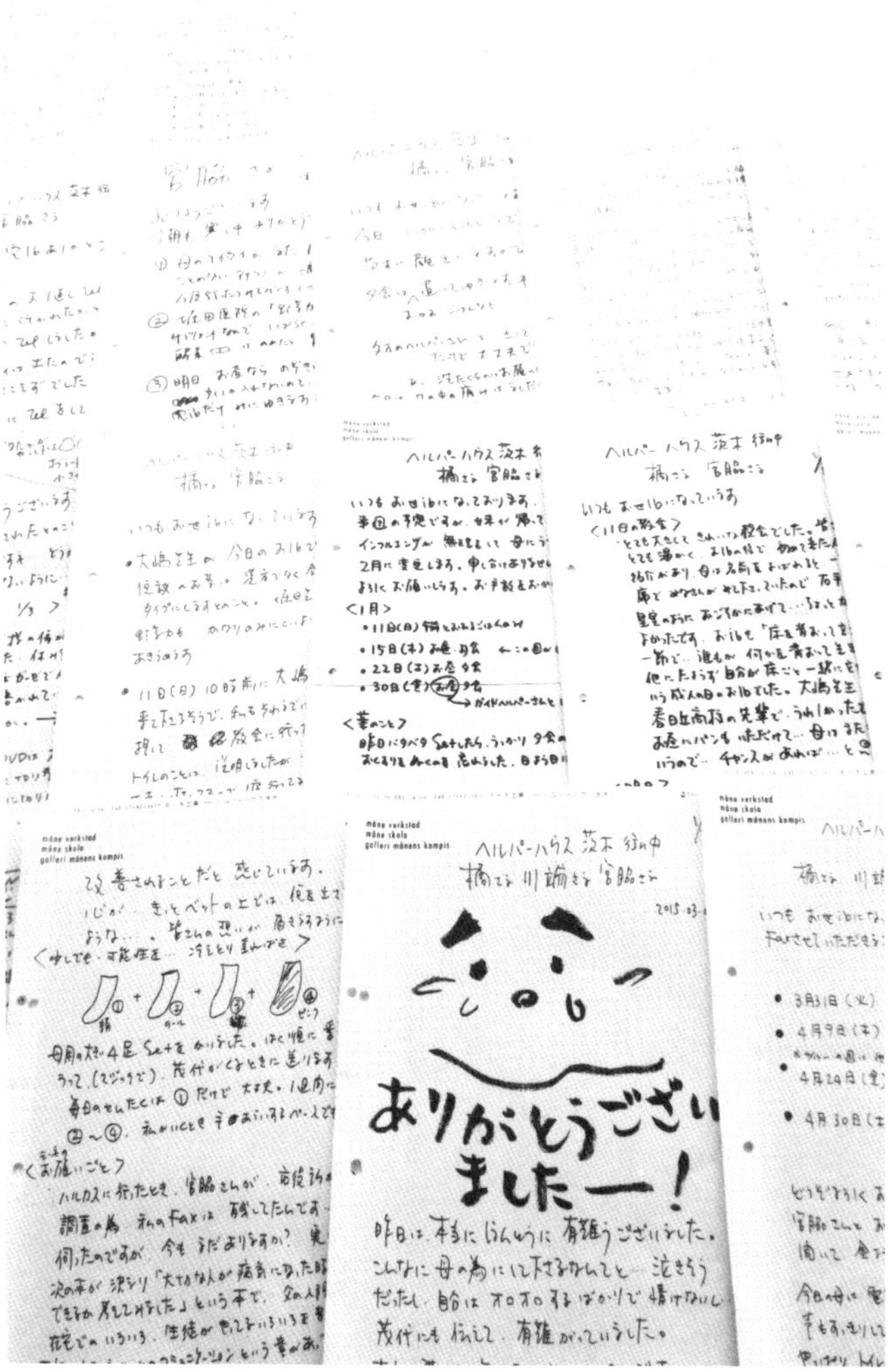

週に一度しか行けない娘と、両親の日々を介助してくれるヘルパーさんとの情報の共有は、アナログなファックスで。体調や食事のこと、時に感謝の言葉も伝えて送信。

人柄を病院に伝える

母が介護施設にいた半年間、子どもの頃に母がしてくれたことの想い出を、切り紙ではがきにして送っていた。それを、寺子屋の生徒が知ったとき、「私は、父が亡くなる数日前に、元気だった頃の父の人柄を紙に書いて看護師さんに渡したんです」と、初めてお父さんがご病気だったときのことを話してくれた。

「父が入院した病院は、看護師の方もよくしてくださる方ばかりで、父にも私たち家族にも、不安を減らすために話す時間をつくってくれ、入退院を繰り返した一年半をいろいろな面で支えてくださったんです。病気が進行し、別人のようになってしまった父のことを、ある看護師さんが、気難しい人というような表現をされたことがあって、本当に家族想いのやさしい父が、そんなふうに誤解されたのがとても悲しくて、元気なときの父の人柄を一緒に寄り添ってくださった看護師さんに伝えたいと思って、でした。看護師さんはこの紙のなかのことを話題に父に声をかけてくださり、それに対し、父も笑ってうなずいたりしたそうです」。

モーネ寺子屋は、通っているあいだはもの作りにだけ集中するので、個人的な話を聞くことはほとんどない。初めて知った、彼女のお父さんとの最後の時間。私が「やさしいね」と何度も言ったら、彼女は「病気になるまでは、父が家族にしてくれていることを当たり前だと思っていたし、父に文句ばっかり言ってましたよ」と。「みんな同じやね」、お互いに。私なんて、もっとかもしれない。父にも母にも本当にきつい言葉を言ってばかりだった。

彼女がそのとき看護師さんに渡した「父紹介」を見せてくれた。お父さんの顔写真も添えられた、大切なその紙には、好きなものは魚とアイスクリームとお菓子。魚料理が得意で鯖寿司や鰯のお寿司をよく作ってくれること、お好み焼きも得意なこと、結婚記念日や家族の誕生日には、必ずケーキを買って帰ってくれることなどが書かれていて、家族想いだったお父さんが伝わってくる言葉に、思わず私も父との想い出が重なってしまった。彼女は「患者の個性を医療者に知ってもらうことは、家族だからできることだと思うんです」と言った。一年半以上もの長いお父さんの闘病に、家族みんなで毎日寄り添いつづけた、彼女の心からの言葉だと思った。

家族の人柄を伝える紹介文のことを彼女に教えてもらってから、私は父や母の在宅のかかりつけ医の先生にも、父と母の人柄も伝えるように心がけている。とくに現場の看護師さんには、口頭ではなく紙に記して伝えるほうが、多くの人に情報が伝達されると思うし、「人柄」という情報を伝えることで、それが目に見えないことだとしても心に届く薬となっていくと信じてやまない。

もしものときの救急搬送バッグ

母は七十代をすぎてから四回も救急搬送されている。私が連絡をもらって病院に駆けつけると、医療者からは今までの病歴や飲んでいる薬のことなど、どの病院でも同じようなことを尋ねられる。突然の救急搬送の連絡で泣きながら駆けつける、ふつうの精神状態ではないときに、何年に何の病気になったかなど聞かれても、いつも私は正確には思い出せない。だから「あぁ、こんなときのために、前もって母の病歴メモを書いておかなくっちゃ」と思うのに、退院して日常が戻り、実行されないままでいた。しばらくして母がまた救急搬送された。再び手帳の端に年号を書きだして、指を折って数えながら何年だったか思い出したり、わからないことは妹にメールで尋ねて教えてもらい、思い出すのがやっとだった。病院にいると冷静になれないし、記憶力が悪い私は母の病歴シートを書きだ

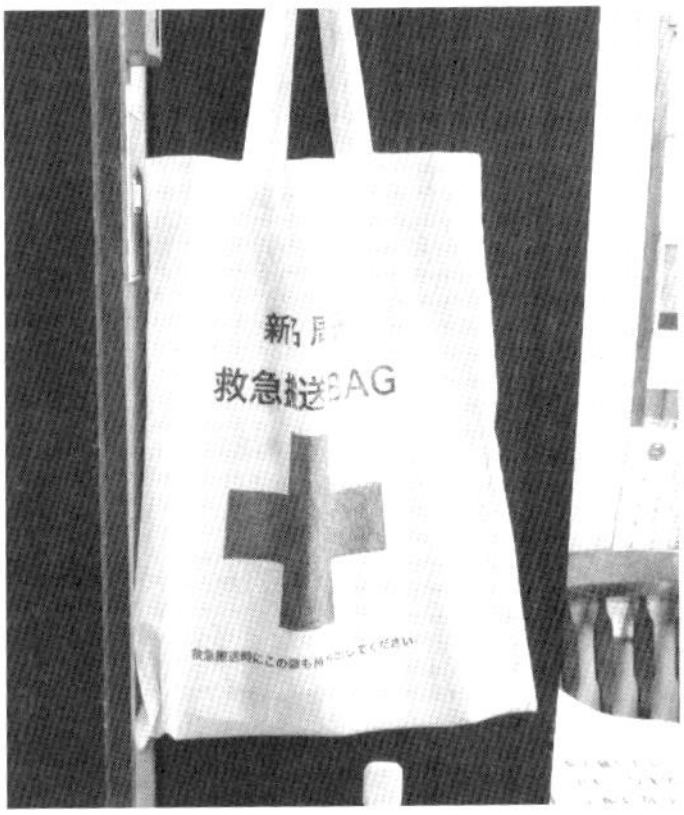

無地のトートバッグに救急の目印の赤い十字をアイロンプリントした救急搬送時に持ち出すバッグ。在宅時に母がいつもいる台所の食器棚の横に吊り下げておいた。

してなかったことを反省し、四度目の入院のあと、退院してすぐにやっと病歴ファイルを作った。

母の今までの病院からの情報を、A4サイズのクリアファイルに入れ、緊急のときに誰でもわかるように赤い十字と「救急搬送バッグ」という大きい文字を、エコバッグにTシャツ用のアイロンプリントで印刷した。ファイルには、母の病歴メモや、今までの救急搬送した病院からもらったデータや、血液検査の結果やお薬手帳、保険証、印鑑も入れている。市役所からもらっている介護タクシーの割引チケットも、家に必ず戻ってこられるようおまじないとして入れている。それを、ヘルパーさんも救急隊員さんも私も、いざというときすぐわかるように、母がいつもいる台所の食器棚の横に吊るしておいた。

前日から準備した検査入院では、この「救急搬送バッグ」をちゃんと持っていった。ひとつにまとまっていると、どこのセクションで母の病歴を聞かれても、すぐに出せてとても役立った。たったひとつうっかりだったのは、母の病歴を昭和や平成の元号で書いてしまっていたことだ。私は全部西暦で書くタイプなのに母の市役所の書類が元号だったから、病歴メモがそうなっていたのだ。病院の書類は西暦の記入。母の検査を待つあいだ、やっぱり指を折って数えることになった。病院メモは西暦と元号とどちらもあったほうが役立つし、もうすぐ六十代になる私たち夫婦のファイルも、作っておいたほうがよい気がしている。

4 寄り添う人がほっとすること

ヘルパーさんごっこ

実家の母は、トイレ介助やベッド移乗もサポートがいる。これが私ひとりだといつもうまくいかない。妹は三人も子育てをしていたからか、私より力加減がうまく、ヘルパーさんと同じように介助ができるから、いつも本当に感心してしまう。とくに狭い実家のトイレでは、どんなに頑張ってもヨロヨロしてしまい、母に負荷をかけてしまう。そんなとき母はいつも、不安そうに眉間にしわを寄せ、「痛い」とか「乱暴」だと言う。一生懸命やっているから、そんな母の言葉がとても悲しくなって、ときにひどい言葉で言い返してしまうこともあった。そんな日の実家からの帰り道は、ものすごく自分が情けなくなり、妹に泣きながら話を聞いてもらったことが、何度もある。このことを介護サポートのケアマネージャーさんに話すと、「頑張りすぎないでね～」と、いつも言われてしまう。あるとき、ベテランのヘルパーさんと一緒に新しいヘルパーさんが来られた。母への身体介助の流れや声のかけ方のポイントなど細かく指導されていて、横で聞いていた私は、サポートのときは「声かけ」することがとても大事だと気がついた。それからは、サポートの前に、今までより意識して、動作に入る前に声をかけるようにしてみたら、母とのやりとりが穏やかにすぎた。

それで、そうだ、「ヘルパーさんごっこ」でいこうと思った。

いつものようにトイレまで車椅子を押して入り、「新名さぁーん。新米ヘルパーです。下手ですが頑張りますので、どうぞよろしくお願いします」と、「お母さん」と呼ばず名字で呼ぶ。母を名前で声かけすることで、私もこのときだけは親子ではなく、仕事で関わっているような意識が持てる。母はこのとき、クスっと笑ってくれる。トイレ介助が終わったら「新名さぁーん。今日の点数は何点ですかあ?」と、尋ねてみる。採点は「六〇点」と、シビアな母。「え〜、そんなに低いんですかあ」と私が言うと、このときばかりは母は声を出して笑ってくれる。どんなに頑張っても七〇点を超える点数をもらえることはなかったけれど、上達しない私の介助が「ヘルパーさんごっこ」になっただけで、お互いに笑えるし、どんな低い点数をつけられても、私はいつもうれしい気持ちになった。

母は最近、左足と左手のマヒが進んできたので、私ひとりではトイレ介助はできなくなり、「ヘルパーさんごっこ」の工夫は、生かせなくなった。今、母を笑わせることができるのは、母の胸をタッチする作戦。私は小さい頃、乳離れがなかなかできなかったそうで、母をずいぶんと手こずらせたらしい。母は胸に辛子をぬってみたり、黒いペンでオバケの絵を描いたりと四苦八苦して離乳をうながしたらしい。その話は、母から何度も聞いていた。「やっぱり、私はいくつになっても好きみたい」と言いながら、母の胸をちょこっとタッチする。母は必ず笑ってくれるから、帰るときのちょっと寂しい時間も、お互い笑いながら「またね!」と言える。

この胸をタッチする作戦は、一緒に暮らす義母さんにも最近生かしている。義母も八十代後半になってきて、あちこち身体の不具合に関する弱音を口にする。毎晩寝る前に、保湿クリームを背中に塗りながら、体の不具合や老いの不安を聞くのが日課。いつも聞いたあとで、そのまとめとして義母さんの胸にちょこっとタッチする。すると「もうぺったんこで、ないでしょ」と笑ってくれる。

ふたりの母に通用するこの作戦を、ある生徒に話したら、彼女のお父さんが入院されたとき、同じように少しでも笑ってもらう工夫をしていたそうで、「父の病気は、いつ病状が変わるかわからなくて、病院に行った日は、いつも父の顔を見ながら病室を出たくて、投げキッスをすることにしていたんです。いつしか、帰り際の儀式のようになっていました。照れ笑いをしながらも、けっこうお茶目な父だったので、いつもちゃんと投げキッスを返してくれて。たまたま看護師さんに見られたときは『娘にやらされてます……』と、苦笑いをしていました」と、やさしくて大好きだったお父さんの闘病の経験を目を赤くして、私に話してくれた。病気の人も寄り添う人も、ほんの少しだけ笑えることが、心のビタミンになると思う。

離れている人からの助言

私はふたり姉妹で、妹は十五年ほど前から横浜に住んでいる。だから在宅で介護が必要な母のサポートには、大阪に近い京都で暮らす私が週に一度日帰りで行く。妹は二、三カ月に一度、三泊四日で、帰ってきてくれる。

二歳年下の妹とは、子どもの頃は本当によくケンカをしていた。たとえ、みかん一個のことだったりしても、髪の毛をつかんで引っぱり合うまでに発展。私のぶんが食べられないように、油性ペンでみかんに名前を書いておいたら、母にものすごく叱られたこともあった。「みかん一個でケンカしなさんな。トラック一杯、買ってくるから！」というのが、食べもののことで揉めたときの、母の決めゼリフ。もちろん、トラック一台分の食べものがやってきたことはなかったけれど。

七年前、母が倒れてからは妹とはこれまで以上に電話やメールでまめに連絡を取り合うようになった。最初の頃は、離れている妹が、母や私のことを想って言ってくれる言葉も、自分自身がいっぱいいっぱいで、「そばにいないからわからないよ」と、素直に受け取れなかったこともあった。

七年近くたった今は、近くに住んでいる私ができることと、離れている妹ができることと、それぞれの役割分担ができてきて、何か起こっても電話で長時間話し合い、一緒に知恵を出せるようになった。妹とは、「こんなふうに距離があってもまめにやりとりできるのは、お父さんとお母さんのおかげだね」と話している。

そんな妹からの言葉に、助けられたことが二回あった。一度目は父が入院したとき。母のためにと父は自分の体調がかなり悪くなってきても、家にいようとしてくれた。微熱や咳もつづくようになり、検査のためと入院した日に、医師からは「もう、私たちにできることは何もない」と言われてしまった。急に父はベッドの上だけの人になってしまった。そんな……、昨日まで家ではなんとか立って歩いていたのに。私は仕事を調整して、できるだけ病院に行くようにした。妹も何度も帰ってきてくれた。父はもう、家には帰ってこれないかもしれない。母も、もう家に住めなくなるかもしれない。頭のなかが真っ白になって、毎日泣いてばかりいた私に、帰ってきた妹が「お姉さん、自転車買いかえない?」と言ったひと言に驚いてしまった。もう家に住めなくなるかもしれないというときに……。

父が乗っていた実家の自転車は、古くて片方のペダルも割れているから、私たちが買い物で乗るときに、こぎづらくて、ずっと長いあいだ不便はしていたけれど「こんなときやからこそ、乗りやすい自転車があると、いいと思う。お父さんの病院に行くときも、駅まで乗って行けて、時間が節約できるもの。安くて買えるよ」と。このとき妹が提案してくれた自転車が、父の入院中も、それから三年以上つづいている母ひとりの在宅生活にも、すごく役に立っている。今もこの自転車に乗るときに、いつも妹の頼もしい声を想いだす。

二度目は、母の在宅が二年半をすぎた頃。左手と左足のマヒも進み、体力的にも精神的にも不安定になることが多くなってきたときだった。胸にちょこっとタッチする作戦でも笑わなくなってしまった母に対し、私がすごく弱気になったとき。泣きながら妹に電話したら「お姉さんまで、そんな不安になったら、お母さんはもっとそうなってしまう。お母さんが自分で家に住むことを決めたんだし、心細くなることも、ちゃんと覚悟してるから。お姉さんはモーネの仕事もあるから、今まで通り一週間に一度のペースでいいからね。私は、本当に感謝してるよ。お姉さんが倒れたらお母さん、もっと困るから」と、珍しく強い口調で、でも温かさがぎゅっと伝わってくる助言をくれた。妹の言うように、寄り添う私が安心でないと、不安が伝染してしまう。いつも近くにいると、目の前のことしか見えなくなる。泣き虫の姉は、離れているしっかり者の妹のひと言に、いつも深呼吸させてもらっている。

笑いのビタミン便

生徒のご主人が病気と向き合っていた頃のこと。モーネに来た生徒が「由季さん、私、つらい治療に頑張ってくれている主人を、何とか一日一回笑わせようと、毎日一回笑ってもらえるネタを探してるんです」と言った。いつも笑顔を絶やさずひとりで向き合っていると、つぶやいた彼女のひと言で、心からご主人に寄り添っていることが伝わってきた。私たちも、せめて彼女のご主人を笑わせる手伝いができたらと笑えるネタの郵便を送ることを思いついた。

私は本当にうっかり者で、かなり自慢できるほど周囲を笑わせてきた失敗談をたくさん持っているから、それをはがきに書いて送ることにした。そう思いついてからは、歩いているときや電車に乗っているときも、自分の失敗談を思い出してはメモ書きしておいた。内容が内容だったので、太めのペンで、ささっと落書きのように書くことにした。文章だけで伝わりにくいときは、簡単なイラストも添えた。とは言っても、とてもデザイナーとは思えない落書きのようなもの。でもそれくらいゆるいほうが、笑ってもらえそうかなと思った。

失敗談は、「変換ミスシリーズ」や「うっかり行動シリーズ」、「数字うっかりシリーズ」、「恐がりシリーズ」と、シリーズ化して送った。私のメールの変換ミスは、かなりの頻度で勃発しているから、いくつもの笑いのネタがある。モーネが五周年のとき生徒たちへの連絡メールでは「五周年」が「五執念」で送信してしまっていたこともあった。「うっかり行動シリーズ」は、ウェットティッシュ箱の底に沈み込んだ最後のティッシュをとり出そうと人差し指をケースの口から突っ込んだら、ギザギザの口に指が挟まって抜けなくなり、少しでも動かそうとすると痛くて、痛くて。唸りながらも思わず「うなぎの気持ちがよくわかる……」と、つぶやいてしまって、主人に爆笑されたこと。それはイラストも添えて送った。

はがきが届くと、彼女はいつも「ふたりで、笑えました」と、メールで伝えてくれた。ポストが通りに面している一軒家に住んでいるそうで、届いたはがきをポストの前で読んだとき、思わず声を出して大笑いしてしまったらしく、たまたま家の前を人が歩いていて怪しまれました、というメールが届いたこともあった。笑えるネタを思いつかないときは、犬好きのご主人と彼女に、わが家の犬の写真をA4サイズに出力して封筒に入れた犬の写真シリーズの「ワンワン便」を送ったりもした。そんなにたくさんは送れなかったけれど、ふたりが少しでも笑ってくれたことに、私たちもほっとした。ご主人に笑ってほしいと始めたことだったけれど、寄り添う彼女の心にも風が通ったビタミン便だったと思った。

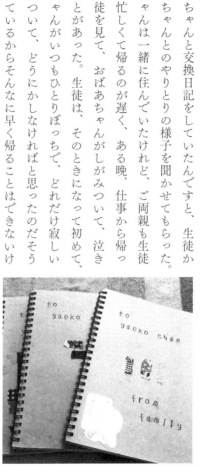

おばあちゃんとの交換日記

おばあちゃんと交換日記をしていたんですと、生徒からおばあちゃんとのやりとりの様子を聞かせてもらった。おばあちゃんは一緒に住んでいたけれど、ご両親も生徒も仕事が忙しくて帰るのが遅く、ある晩、仕事から帰ってきた生徒を見て、おばあちゃんがしがみついて、泣きだしたことがあった。生徒は、そのときになって初めて、おばあちゃんがいつもひとりぼっちで、どれだけ寂しいかに気がついて、どうにかしなければと思ったのだそうだ。働いているからそんなに早く帰ることはできないけれど、おばあちゃんに安心してもらうため、交換日記をする提案をしてみたんです、と交換日記のノートを見せてくれた。

生活時間が違うおばあちゃんに、孫がいつも想っているからねと安心してもらう、同じ家の中で交わす交換日記。

生徒は「毎日は書けなかったけれど、自分の日常あった小さなことや、クイズや、お取り寄せりクエストなど、おばあちゃんが返事を書いてくれるような書き方を考えてみたりしたのだそう。おばあちゃん自身も書くとぼけないと信じ込んでいて、頑張ってつづけてくれたんです。他愛のない内容だったけれども、あの愉快で子どものようにかわいい祖母が自分の名前をローマ字で書いてみたり、毎日血圧を記す工夫をしたり。『梅干』と書くはずが『梅汗』になっていたり。何度も壊れて、予定を狂わせる壁時計に腹をたてて『だめ時計』と時計にニックネームをつけた日もあったんです。本人はいたって大真面目だったと思うけれど、おばあちゃんの返信はいつも面白かったんです」。

遅くに帰宅しても、食卓にノートがのっていると、彼女はほっとしたという。そして、頼りない字でも、漢字が間違っていても、おばあちゃんが一生懸命にノートに書いてくれたことで、さまざまなことを共有でき、気持ちはつながっているなぁといつも感じたそう。おばあちゃんとお孫さんのこんな交換日記、たくさんの人が、実行したらいいなぁと思う。

ほっと袋のお見舞い

母が二度目の入院をしたとき。「ほっと袋」と書かれたタグのついた紙袋が、生徒たちから届いた。袋のなかには、紙コップとティーバッグのお茶や紅茶、スティック状のカフェオレと小さな甘味がふたつずつセットになって入っていた。タグの裏には「お忙しいとき、病院でお母様と一緒にお湯を注いでほっとｈｏｔ」と、メッセージが書かれていた。母のぶんのお茶類に加え、付き添いの私用の紙コップも一緒に入っていてとても役立った。紙コップには、紙やシールが貼られていた。病院のなかではそんな紙工作のような手触りにとてもほっとする。母はそのときまだ食事制限があったので、「お母さんのぶんのお茶菓子は退院してからのおやつに取っておくからね」と、母には昼食の残りの紙パックのリンゴジュースを、私は猫の切り紙が貼ってあ

入院中に母と私がほっとできるお茶時間を持てるようにと、生徒からお茶セットのお見舞いが届いた。

る紙コップでカフェオレをいただくことにした。

談話室の窓から遠くに見える万博公園の太陽の塔を眺めながら、小学生のときに父と母に連れていってもらった万国博覧会の懐かしい想い出話になって、病院にいることを一瞬忘れてしまうような、お互いの心がやさしくなれたお茶の時間をすごすことができた。

「ほっと袋」のお見舞いをもらってから、私も生徒の真似をしてちょっと疲れていそうだなと思った友人に、カードと一緒に紅茶やハーブティーのティーバッグを一、二袋、封筒に入れた「ほっと一服便」をときどき送っている。

最近、モーネの寺子屋でアロマを習い、自然塩にエッセンシャルオイルやドライの実や花を混ぜて作るソルトポプリの作り方を教わった。ビンに入れてときどきふたを開けて香りを楽しむポプリが、香るとその瞬間すーっと落ち着く。ソルトポプリを小さなビニール袋に入れ、「小ビンに詰めかえてね」と書き添えて封筒に入れた「植物の香りの一服便」も送ってみた。切手一枚でほっとできる時間を届けられるのは、アナログな通信手段だからだと思う。

医療者にサンキューカードを贈る

生徒が一カ月間ほど入院したとき、退院のときにお世話になった医師や看護師さんにサンキューカードを渡したことがありましたと、話してくれた。

彼女は「病院は、退院するときも、菓子折りなどは受け取ってもらえないことが多いけれど、お世話になった病院の方々に、感謝の気持ちを伝えたくて、似顔絵を描いたカードを渡したんです。半年して、もう一度短い入院をしたんですが、『今もロッカーに飾ってますよ』とか『冷蔵庫に貼ってます』など、先生や看護師さんが会うたびに言ってくださったことが、すごくうれしかったんです」と。

退院の際、お世話になった医療者に渡した似顔絵のカード。

イラストという自分なりの伝え方で、医療者にありがとうをカタチにして渡したこと。日々、医療に向き合っている現場に、自分そっくりのかわいい似顔絵を贈ってもらえたことは先生と看護師さんにとってもうれしかったのだということが、彼女の話から伝わってきて、私まであたたかな気持ちになった。医師も看護師も患者さんも、ふつうの人と人との関係だということを、病院という特別な場所であっても忘れてはいけないと思った。

日頃からモーネの仲間や生徒たちには、紙や布を一枚ずつ手で切って貼った、あたたかみのあるハンドアートのカードを作ってもらっている。動物や植物がモチーフのポストカードや封筒つきのカードセットは、他のどこにもないあたたかみのあるものばかりだ。

もし、病院の売店にこんなふうに手作りしたポストカードと切手が買えるコーナーがあったら、彼女のように絵が描けなくても、お世話になった医療者に感謝の気持ちが伝えられると思うし、入院している人も病院から家族や友達に便りが出せる。生花を受けとれない病気の人のお見舞いに来たときにも、植物や花のカードが渡せるし、厳しい治療やリハビリを頑張った子どもたちに「がんばったね！」とカードに書いて、渡してあげる先生がいたりするかもしれない。文字から伝わる力は、元気なときでもうれしいから、病気のときにはもっともっとあたたかく心に沁み入ると思う。叶ったらいいなぁ、病院のなかでやさしい対話のきっかけになるカードショップができる夢。

紙を一枚ずつ切って手貼りしたり、想いを込めて描いた植物や動物をプリンターで一枚ずつ印刷した、大量生産ではない手触り感のある温かなカード。病院の売店にこんなカードコーナーがあったら、院内の会話が温かになるのにと願っている夢。

5 離れていてもできること

花と絵の往復便

遠く離れた土地に住んでいた友人が入院したとき、彼女とは時折メールでやりとりをしていた。「この病院は緑に囲まれていて、ガラス越しに見える、とても美しい庭があるのよ」とか、「いろんな種類のバラが植わっていて、たくさん咲いているの」とか。植物好きな彼女からのメールは、花の話題が多かった。

年が明けた二月頃、珍しくメールではなく電話がかかってきた。

「花の絵を描きたいのに、真冬で病院の庭に花が咲いていなくて。花屋で買って、少し送ってもらうことってできるかしら」と、私にリクエストしてくれた。どんなときも人にあまり甘えることのない友人だった。病気が悪いことも聞いていたから、そんなときに頼みごとをしてくれたことがすごくうれしかった。ちょうど芸大の制作展のため美術館に作品を搬入している最中だったけれど、教授に「仕事で、急用で」とお願いして、すぐに近くの花屋さんに走った。絵を描くモチーフとして、彼女が好きそうな雰囲気の和花を選び、一本ずつ集めて花束にしてもらって病院に送った。すぐに彼女からとてもうれしかったことと、花の代金や送料を支払いたいというメールが届いた。

遠いからとなかなかお見舞いに行くこともできず、私ができることは何かないかとずっと気になっていたので、モチーフになる花を送ることなら、離れている私にできると思った。「ねぇ、花の代金のかわりに、届いた花の絵を描いて送ってくれない?! 私のほうが、すごぉく得する物々交換なんだけどね」と、返信した。しばらくして、彼女から美しい線で描かれた花のはがきが届いた。

それからときどき、私が一本ずつ種類の違う花束を送り、彼女から花の絵のはがきをもらう、花と絵のやりとりがはじまった。二度目のとき、お礼の言葉とともに、なんの花か名前を知りたい、とメールに書かれていたので、それからは花屋さんで買うときに名前を聞いて、その場で花の名前とかたちの特徴を包み紙に書くようにした。退院して自宅療養になったときは、「モーネに一メートルくらい大きく育ったふうせんかずらの鉢植えがあるんだけれど、鉢ごと送っていい?」と聞き、ふわふわと揺れるかわいい実をたくさんつけた鉢植えを送ったこともあった。

彼女から届く花の絵は、郵便はがきに描かれていたり、スケッチブックの一ページに切手が貼られて送られてきたり。美しい花の絵が届くと、彼女が花と向き合っていた時間が伝わってきて、いつもしばらく、じっと見つめていた。この花と絵の往復便は、離れている私にできることがあると気づかせてくれた、彼女からの贈りものだったと思っている。

お散歩隊と葉っぱ便り

大学時代の恩師が病気になったとき、歩くことが病気の進行を抑えるリハビリになると、同じ学部の先輩が発起人になって、教え子たちで先生を週末に散歩に連れだそうという「お散歩隊」の提案メールが届いた。メールは先生に教わったことのある大学の先輩、後輩合わせて約二十五学年におよぶ五十人以上の教え子に配信されていて、月に二、三度のペースで三人一組のチームを組んで土曜日の午後に先生のご自宅に伺い、車椅子に乗った先生と近くの公園へ散歩するのが「お散歩隊」の決まりごとだった。先生のご負担にならないようにと、時間は午後一時から四時くらいまでの三時間で。先生が車椅子に乗り、公園まで移動するルートとその途中にある坂道や歩道の段差などに気をつけること、雨のときは外の散歩には出ていかずにリビングで先生と話をする「お話し隊」ですごすなど、いろんな気遣いが書かれた内容だった。

私たち夫婦は先生ご夫妻に仲人をしていただいていたこともあり、ふたりそろって「お散歩隊」に参加させていただくことにした。この声かけに先生の教え子たちが心から参加したいと思ったのは、大学時代の恩師であることだけでなく、卒業してからも、毎年お正月にご自宅で奥様の手料理をいただく集まりの場をつくってくださったのが大きかったと思う。

お正月に手料理で何十人ももてなす準備は、暮れからどれほど大変だったか、自分が結婚して家庭を持ってからやっと気づけた。教え子たち皆が、先生にも奥様にもその当時のことを本当に感謝していたので、先生に何か恩返しできるならと定期的に参加できる人以外にも、遠方の人は出張や帰省のときに参加したいと申し出ていた。

お散歩隊の日には、いつも奥様がお茶と自家製のケーキを用意してくださり、まずは先生とそのとき関わっているデザインの話をしながら三十分ほどゆっくりお茶をいただく。それから先生に車椅子に乗っていただき、散歩に出かける。公園までの道順も、先生に伺いながらそのときどきでいろいろなコースを散歩した。途中の話題も先生はデザインに関する話が多く、みんな四苦八苦。まるで大学院みたいだと苦笑しながら先生のデザイン論に必死でついていった。公園に着くとふたりが先生の両脇を支える役割、もうひとりは車椅子を押す。先生はいつも頑張って一歩ずつゆっくり足を踏みだして十メートルくらいの距離を歩かれる。帰りは行きと違うルートを通って帰る。散歩から戻ると、奥様は出かける前と違うケーキを作ってくださっていて、もう一度お茶の時間になる。散歩のお礼にと手みやげ用に別のケーキも持たせてくださるので、毎回三種類の自家製ケーキをいただく。奥様は次のときには重ならないようにと、お散歩に行った日づけと生徒の名前とケーキの種類をノートに記録されていた。

お散歩隊に行った日は、参加している皆に先生の様子やルートの報告メールを送ることになっていたので、いただいたおいしいケーキのこともいつも報告に加えた。主人と私が一度目の「お散歩隊」に伺ったとき、「私が声をかけてリハビリするより、あなたたち教え子が来てくれると、いつもより頑張って歩いてくれるのよ」と、奥様がおっしゃった言葉が心に残った。次のお散歩隊までの約三カ月のあいだに、何かリハビリの役に立つことが少しでもできないかと考え、毎日玄関のポストまで歩いてもらうきっかけ作りになるようなカードを送ることを思いついた。その頃、私は自宅の小さな庭で植物を育てていて、仕事が忙しくてどんなに遅い日でも、必ず毎晩庭にしゃがんで植物をさわっていた。そうすると気持ちがほっとし、安まった。だから、先生にも生きている葉っぱを一日一枚カードに貼り、封筒に入れて送ることにした。もしかしたら、植物のそんな力を先生に届けられるかもしれないと思ったのだ。

カードには植物の名前を書き添えた。名前がわからないものは、どこで採集したかを書くことにした。こんなカードが毎日届くと先生も奥様も気を遣われるかもしれないと思って、送り主が誰かわからないように封筒には名前と住所は書かずに送ることにした。案外、送り主が誰かわからないほうが、どこからか風に吹かれて一枚の葉っぱが届く感じもした。それにもし、先生が葉っぱのフォルムにデザインとしての興味を持ち、楽しみにしてくださるようになったら、ポストまで歩いてもらえるかもしれない。そんな想いから、一日一枚の葉っぱの便りを始めた。

ほぼ毎日送りつづけた三カ月後、二度目のお散歩隊で先生のご自宅に伺ったとき、テーブルに座ると奥様から「由季子さん、どうして封筒に名前を書かないの？」と言われた。「えっ……、あの……どうして、私からっていうことがわかられたんですか？」と聞いてみると、「あの文字は由季子さんのじゃない」と。何百人もいる教え子のなかの私の文字だと気づいていた奥様の言葉に、本当にびっくりした。その日は先生と奥様が海外に駐在されていた頃の話題になり、向こうの珍しい植物の絵を描いておられたことや、その頃に描かれていた絵やスケッチを見せてくださった。

葉っぱのカードを先生もとても楽しみにしてくださっていたようで、毎日ポストをのぞいていることを伺い、次の日からは名前をちゃんと書いて葉っぱ便りを送りつづけた。毎日になると新しい葉っぱが見つからない日がある。「葉っぱ、葉っぱ」といつも葉っぱ探しをしている私をそばで見ていた義母は、犬の散歩のときに道端で葉っぱを見つけてきてくれた。モーネの仲間も実家の庭から届いた珍しい植物をひと枝ずつ分けてくれたり、名前を教えてくれたりとまわりの人たちも素材集めを手伝ってくれた。

お散歩隊が始まって半年くらいたった頃、先生がバリアフリーのマンションに引っ越しされることになり、「お散歩隊」はそのとき「お引っ越し隊」と称して、先生の本や資料の整理、箱詰め、掃除などのお手伝いでも出動した。先生も奥様もとても物持ちのよい方で、そのときの引っ越しでトラック三台分くらいのゴミを捨てたとあとで伺った。私がお手伝いに行ったときにたくさんの荷物のなかに今まで送った葉っぱ便りが入っている大きな段ボール箱があるのを見つけてびっくりした。差し出し人が私だとわかった話をしたときに、この葉っぱの便りは先生にポストまで歩いていただくためなので、受けとったあとは捨ててくださいねと奥様にはお願いしていた。でも、その箱を見て、今まで送った葉っぱのカードを全部残してくださっていることを初めて知った。私は、葉っぱ以外にも青いどんぐりの実のような立体物も貼って送っていたので、その段ボール箱はかなりかさばって場所をとっていることが申し訳なくて「もう送るのやめますね」と言ったら「私も楽しみにしているのよ。でも毎日だと切手代も申し訳なくて。だから、珍しい植物があるときはときどき送ってほしいわ」と、奥様がお気遣いのお言葉をくださった。でも、毎日の日課でなくなったことと、日々の忙しさからなんとなく葉っぱ便りは途絶えてしまった。

「お散歩隊」は、定期的に毎週散歩に出かけていた三年間と、私たちは忙しくなり参加できなかった「お話し隊」の二年間を合わせ、約五年間つづいた。歩くことができなくなり、ベッドですごされるようになってからも、先生と奥様はおふたりでよくお散歩隊の話をし、いつも幸せな気持ちになるとおっしゃってくださっていた。

この本のことで久しぶりに奥様にお電話することになり、何年かぶりに葉っぱ便りの話題になったとき、奥様が「私、あれ本当に好きだったの。今もときどき、引っぱりだして見ることがあるのよ。立体的なものが貼ってあったりしていたから時間がたっていい感じになったものがあって、何枚か並べて額に入れようかしらと思ったりしているの」とおっしゃった。

引っ越しのときに段ボールごと処分してくださったと思っていたのに、今も残してくださっていることに本当にびっくりした。先生のリハビリのためになればとつづけた葉っぱ便りは、寄り添われていた奥様も、心から楽しみにしてくださっていたのだ。電話でお話ししながら涙が出てしまった。

ひとりではできない、多くの人がつながったから実行できた「お散歩隊」。発起人の先輩と、長いあいだメンバーのスケジュールを調整し、当番を決めて連絡してくれたり、毎回の報告をみんなに配信してくれた「お散歩隊」事務局の後輩たちに、今も心から感謝している。

平凡な日常を伝えるネコ便り

モーネの生徒の、遠く離れた故郷のお母さんが病気だとわかったときのこと。お母さんはご自分の病気の覚悟されていたそうで、会いに帰ってこずに、今の生活や仕事を大切にしなさいと、彼女に伝えたのだそう。

「離れていても自分にできることがないかと考えて、こんなはがきを送ることにしたんです」と、細いペンで描いたネコがお母さんに話しかけるように、言葉を書き添えた絵はがきを、いつも二枚作ってお母さんとモーネに送ってくれていた時期があった。

ずいぶんあとになって彼女から「母の病気がわかった最初の頃は、元気づけるためには特別なことが必要だと思っていました。でも長くなってくると、病院にいても家にいても、お母さんには、元気で今まで暮らしてきた日常がずっとつづいていて、ごくふつうに平凡な日常があるよ、というゆるさを届けることが大事だと気づいて。外に出て動ける時間がどんどん短くなり、ずっと自宅のベッドですごすようになった母の、すぐ横に日常があるのに、母だけに流れる時間が違う。そのことが悲しいんだと気がついたとき、あのネコ便りを送ろうと思ったんです。ほんの少しだけ未来のことを意識した日常の言葉。『今日は空が気持ちいい』とか『水道の水が冷たくなったよ』とか。『明日は月がきれい』も『明日は満月だよ』も『もうすぐあの花が咲く』も、ふつうの日々を一歩一歩、一緒に歩いていくような、しがみつくような、明日は会えないかもしれない、でも明日も会おうねという気持ちと、願いからでした」と、そのときの想いを話してくれた。

いつも、バタバタしているモーネに彼女からネコ便りが届くと、一瞬窓の外を見上げてしまう。二十代の若さで、母親の病気やつらさをまっすぐに受け止め、そして日常を届けようと思ったこと。お母さんにとってこのネコ便りは、成長した娘さんがいつもすぐそばにいると感じる、心の支えになっていたと思う。

紙のトレーマットのお見舞い

生徒が「紙のトレーマットみたいなものがあると、病院の食事もおいしそうに感じられるかもしれないと、入院していたときに思いました」と話してくれた。

入院中の父や母の食事介助のときに、味気ないなぁといつも感じていたし、カラフルなトレーマットが敷いてあったら、病院の食事も気分が変わりそうだと、彼女のひと言に納得。ものすごくいいアイデアだと同感した。そんなことはもうないほうがいいけれど、もしまた母が入院するようなことがあれば、富士山の写真をコピーして持っていこう。母が心から好きな富士山の写真を見ながらの食事は、体は病院のなかでも心は富士山に旅する幸せな気持ちになれそうだなと思った。

もし義母さんなら、かわいがっている愛犬の写真のカラーコピーがいいかなぁ。ぬいぐるみみたいにかわいかった子犬の頃の顔のアップ写真のトレーマットに、きっとほっとしてくれると思うから。小さな子どもだったら、絵本をコピーしてあげたいなと、生徒のひと言で私の頭のなかは病院でのごはんをいかにおいしそうに見せるかでいっぱいになり、あれこれ想像してしまった。

この紙のトレーマットのことを教えてもらったあとで、知人が入院すると聞いた。打ち合わせがあり、入院の前日に会うことになっていたので、何か気を遣うことのないお見舞いを渡したくて、紙のトレーマットにしようと思った。ちょうどその日、モーネに届いた別の生徒からの贈りものに、オレンジ色や黄緑色の明るい色紙を切り抜いた、たくさんの紙の花が入っていた。トレーマットを作るのにぴったりの元気が出そうな色と花のかたちだったので、生徒にコピーさせてもらう了承をもらい、花柄のトレーマットを作ることにした。

コピー機の原稿台に切り紙の花を置いてコピーしてみると、配置や縮小・拡大してみるだけで、いろんなバリエーションのトレーマットが簡単に作れた。お見舞いの言葉と、「使ったらゴミ箱に捨ててね」と書いたカードを添えて彼女に手渡した。入院した日の夜に彼女から、昼間はそのまま食べたけれどもらった紙を夕食のトレーに敷いてみたら、すごぉ〜い！　紙のマジックよ」と、写真まで添付されたメールが届いた。

実際に使われた写真に感激して返信したら、次の日は使用前、使用後の比較写真も送られてきたり、明るい色の花柄だったから壁に貼って見ていることや紙のトレーマットがきっかけで看護師さんと会話が弾んだり、たくさんあったから同室の人にも少しお裾わけしたことなど、結局、退院するまで毎日トレーマット談義のメールがつづいた。

こんなにトレーマットの効果があったことがうれしくて、アイデアを思いついた生徒に伝えたら、彼女自身も私に話したあとで入院していたとき、同室で仲よくなった人が、もう一度入院することになって、お見舞いに切り紙と手書きの言葉を添えたトレーマットを作って送った、とそのとき撮った写真を見せてくれた。

トレーマットには「窓からの景色はどんなふうですか？　東京タワーの上部分、談話室からきれいに見えてたね」とか「イケメンの先生はいますか？　H先生みたいな」と書かれていて、生徒からは「ふたりとも地方から来ていたので、東京タワーがすっごくうれしくて。レトロすぎる古い病院で、唯一都会を感じるわ〜と、毎日、毎夜見ていたんです」と聞いた。

一緒の時期に入院して同室だったからこそ、今の友人の気持ちがよくわかるという生徒の言葉に、じんときてしまった。誰かを想って作る紙のトレーマットは、病院にいる人の食欲を増してくれる、あたたかな紙のお見舞いになる。このあとで母が入院をしたとき、トレーがふたつに仕切られていることに気がついた。そういえば、友人が送ってくれたときの写真もよく見ると半分に分かれている。A3サイズの紙だったから、半分に切って使ってくれたのかもしれない。トレーマットのサイズは、A4サイズのほうがよいかもしれないと思う。

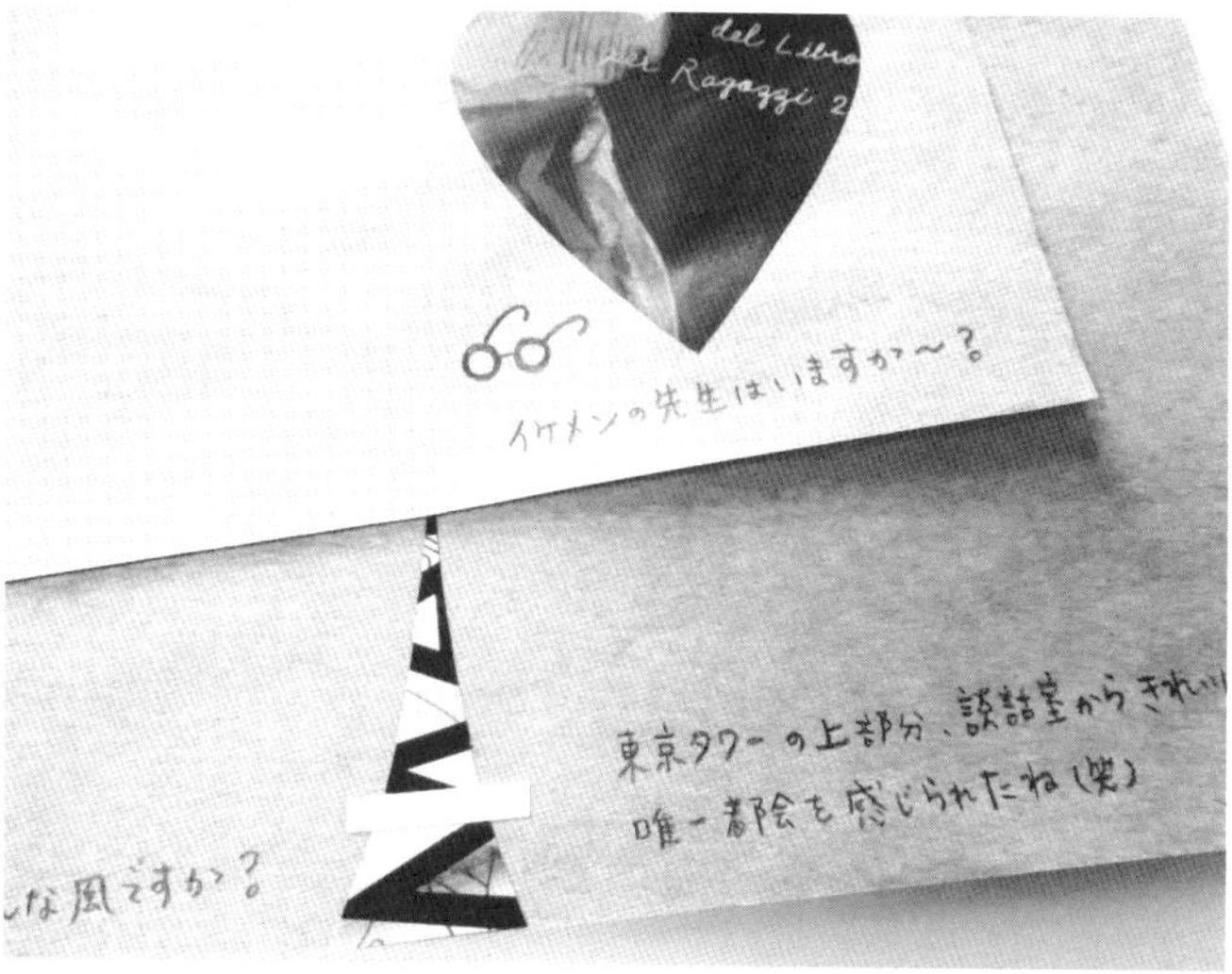

入院中の食事がプラスチックのトレーにのっていても、おいしく感じられるように、とお見舞に渡した紙のトレーマット。

ポスターのお見舞い

生徒のおばあちゃんが入院されたと聞いて。おばあちゃんには、ある仕事を手伝っていただいていたので、どうしてもお見舞いに伺いたいと思った。

その仕事は、切り紙の雑誌連載で、読者の方に切り紙のはがきを送っていただき、誌面で講座をするという内容だった。生徒はとてもおばあちゃん子で、デイケアで作ってくる折り紙をプリントしてポストカードを作ったり、切り紙の展覧会を見に連れだしたり、いつもおばあちゃんとコミュニケーションをとっていた。だから、おばあちゃんにもぜひこの誌面での講座に参加してもらえないかと頼んでもらったのだ。

彼女が「モーネ学校の先生から頼まれたから」と、おばあちゃんがやる気になるような言い方でお願いをしてくれたおかげで、おばあちゃんは切り紙を始めてくれた。

モーネの寺子屋には私をはじめ、ともにモーネを切り盛りしている主人も含め、「先生」としての存在ではないので、日頃から皆、お互いの名前やニックネームで呼び合っている。おばあちゃんに切り紙を始めてもらうためのプレゼンに、彼女は私を「先生」と呼んだ。それが功を奏して「先生から頼まれたなら仕方ない」と、おばあちゃんの気持ちが動いてくれた。もともと手を動かすことが好きだったおばあちゃんは、スイカや栗、おむすびなど、おばあちゃんの想い出の切り紙を送ってくださった。

五回目の手袋の切り紙を最初に見たとき、生徒が切ったのか、あるいは手伝ったのかと思ったほど、上質な素材の赤い手袋が切り紙で表されていた。おばあちゃんは、十本の指先が手袋らしく見えるようにと、指の部分にはのりをつけず、はがきに貼らないままにしていた。まるで絵の具で描いたような、グラデーションの紙使いがされた切り紙だった。

生徒は「おばあちゃんは、きっと先生がお見舞いにくるというと気を遣いそうなので、校正刷りの確認をしにこられることにします」と、伝え方を工夫してくれた。ちょうど出版社から、その号の校正刷りが届いたときだったので。そして彼女から「お見舞いにいらしていただいても大丈夫です」という返事がきた。

一度もお目にかかったことがないけれど、とてもお世話になったおばあちゃんへ、どんなお見舞いを持っていったらいいか、ずいぶん迷った。食事もあまり召し上がられなくなったと聞いていたし、モノではなくおばあちゃんに心から喜んでもらえそうなコトを持っていこうと思った。

おばあちゃんは、彼女がモーネ寺子屋に通うと決めたとき、何をする、どんな学校かもわからないのに賛成してくれ、彼女が卒業できるか本気で心配してくれていると聞いていた。

ちょうどあと半年で彼女の卒業展がある時期だった。そこでおばあちゃんが手伝ってくださった切り紙を、一緒に展示しようと思いつき、展覧会のポスターをデザインしてプリントした「紙のお見舞い」を持っていくことにした。

当日、ずっと私のことを先生と呼んでくださっていたので、少しでも先生らしく見えるようにジャケットを着て、初めてお目にかかるおばあちゃんの病室に緊張しながら入った。

「おばあちゃんはおしゃれな人なので、由季さんに会うために家からカーディガンを選んで持ってきてもらったり、靴下も履きかえて、お化粧もしたんですよ。その日に出すお茶のことや座る位置も、たくさん考えていました。痩せてしまい、声もあんまり出てなかったけれど、本当に久しぶりにおばあちゃんらしい顔をしていたし、あんなに笑ったのも久しぶりだったんですよ」と、あとから生徒が教えてくれた。

「たくさん切り紙をご協力してくださって、本当にありがとうございました」と、まず私から緊張しつつ、挨拶をした。「孫が、『切れー切れー』って、何度もやかましく言うもので」と、おばあちゃん。「じつは、それは私が言ってたんです。ずっと何度も。本当にすみませーん」と言うと、皆が思わず声を出して笑った。そんなやりとりのあと、おばあちゃんの手袋が載った校正刷りを出すと、「あら、この赤の色」とテスト校正で写真が仮のスキャニングで実際の色と違うことを、おばあちゃんに、すぐ指摘された。

あわてて、「あっ、これ違うんです。本番はちゃんとカメラマンさんが写してくれるので、おばあちゃんが作られた通りのきれいな色になりますので」と説明したら、おばあちゃんは「これユニクロなの」とつぶやいた。「えっ？」一瞬何のことかわからず、もう一度聞き返して、赤い服のユニクロの広告の一部分を切り抜いて使ったという意味だとわかった。誰もが知っている大きな新聞広告だったので、「あっ！」と、また皆で笑えた。

「それで、こんなきれいなグラデーションで、上質な質感の手袋が切れたんですね」。短い時間でも、おばあちゃんも、生徒も生徒のお母さんも私も、もの作りの話題で、何度も笑って、感心して、学校の同級生みたいな会話がはずんだ。

それから、モーネのギャラリーで、生徒の卒業の展示と一緒に、おばあちゃんの切り紙展をやらせていただきたいのでいいでしょうかと、デザインしたポスターを手渡すと、おばあちゃんは静かに見つめ、そのあとで「孫はちゃんと卒業できますか？　心配しているんです」と、おっしゃった。「大丈夫ですよ、おばあちゃんが、手伝ってくださったおかげで無事卒業できますよ」と、また皆で大笑いした。

私が帰ってから、生徒が壁にポスターを貼ってくれたそうで、病室に入ってこられる医師や看護師さん、お見舞いに来てくれた親戚の人も、ポスターに印刷されたおばあちゃんの切り紙の話題になり、おばあちゃんはそのたびに笑顔になってくださったと聞いた。

お見舞いに伺った数日後に、おばあちゃんからお礼の手紙をいただいた。病室のベッドの上で書いてくださったようで、ひと文字ずつにか細いおばあちゃんの文字。想いを込めて書かれたことが伝わってきて、お孫さんが大好きで大好きで、だから私にも会ってくださったことが文面からにじみ出ていた。おばあちゃんが手紙を書いてくれたことを、彼女は知らなかったようで、見せたら泣いていた。彼女とおばあちゃんが卒業する展覧会のポスターと、おばあちゃんからいただいた最初で最後の手紙は、彼女も彼女のお母さんも私も、皆が一生忘れられない紙の宝物になった。

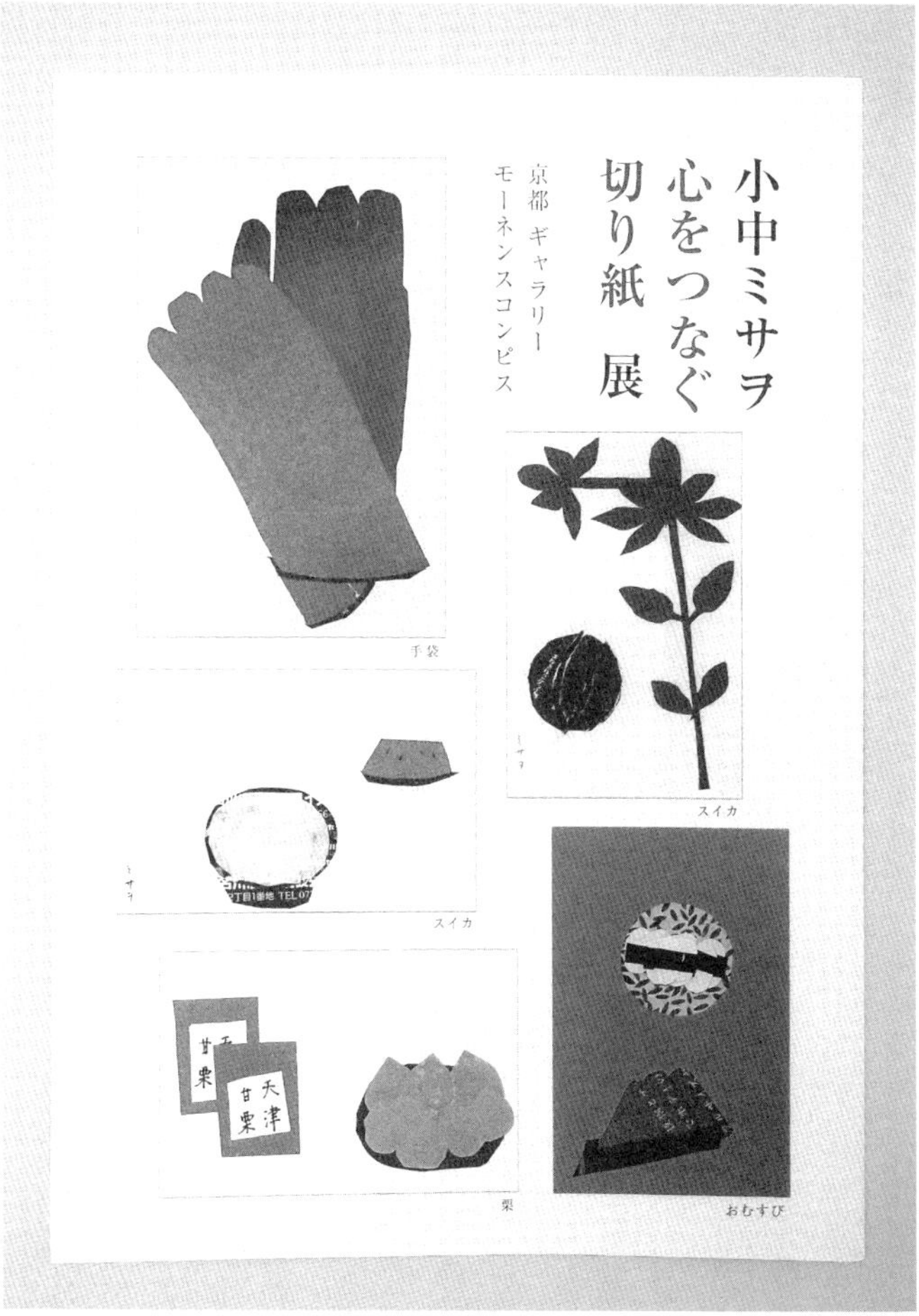

その人にしかできないこと。おばあちゃんが作った切り紙が、どれだけ素晴らしいかをかたちにして届けた、ポスターのお見舞い。

折り紙の花束

生徒のお母さんが入院したとき。「小学生の娘がおばあちゃんへのお見舞いに、きれいな色の折紙で花を折って渡してくれたんです。おばあちゃんが入院している病院は、生花を持っていけないと伝えると、すぐに自分の部屋に戻り、何かガサゴソしているなぁと思っていたら、きれいだからと残してあったお菓子の空箱に、折り紙で折った花をたくさん入れてきて、それを渡されたんです」と話してくれた。「どんな紙で折ってあった？　どんな花のかたちだった？」と聞くと、「うれしくて母は今も持っているんです」と、花束の写真を見せてくれた。

折り紙の花束は、カラフルな彩りからか、まるでお菓子が並んでいるかのようで、想像していたよりうんと素敵だった。私も、こんなにかわいい花束をもらったら泣いてしまいそうだと思った。看護師さんたちもおばあちゃんの病室に入ってくるたび「うわ〜きれい！」と言ってくれたんだそう。そのたびに「孫が作ってくれたんです」と言うと、皆びっくりするので、それがまたすごくうれしかったようです、と話してくれた。病院にひとりでいる時間でも、孫が一緒にいるような、安心感をくれた花束だったと思う。

孫からおばあちゃんに生花のかわりに
届けた、折り紙の花束。

ゴマとおむすびのお見舞い

料理上手で食べることが大好きな友人が入院したとき。ゴマくらいは検査の数値に影響しないだろうと、家からゴマを持っていって、味気ないおかずやごはんにゴマを混ぜたりしていたそう。ゴマをふるだけで味が変わるし、ちょっと料理をしたような気分になれるので、そんな食事の楽しみ方をしています、とメールをくれた。それを聞き、色と種類が違うゴマをいくつか買って小さなお見舞いとして渡した。

もうひとつは料理家の友人から聞いた、仕事でお世話になった方が入院したときにしたこと。いつもたくさんの仕事を抱えているから、退院してもきっとすぐ仕事をしないといけないと思い、簡単に食事がとれ、体を温め、整えてくれる根菜や小豆が入ったおかずいらずのおむすびを贈ったのだそう。ひとつずつラップで包んだ具だくさんのおむすびは、すぐに食べないぶんは冷凍にし、少しずつ食べてくださいと書き添えて。

相手のことを想って握るおむすびのお見舞い。どんなお薬より、体にも心にも沁み入ると思った。

おかず冷凍便

妹は三人の子どもがいる主婦で、家族のためにずっと家事をこなしてきたこともあって、私よりうんと料理が上手だ。とくに母が好きそうな煮物は、おいしく作る。切り干し大根や五目ひじきの煮物など、いつも多めに作ってひとり分ずつ小分けにして冷凍し、ときどきクール便で送ってくれる。しかも、いつも「お姉さんもお昼のお弁当用に持って帰ってね」と、母へのおかずをわが家にもお裾わけしてくれる。妹のおかず冷凍便は、母と母の介助で時間が足りなくなるヘルパーさんと私とを助けてくれる、日々のお助け便だと思う。

ひとり分ずつ小分けにし、ラップで包んだおかず。時間のないヘルパーさんが、すぐに取り出せるように、太い油性ペンで中身を書いた紙をジッパー付き食品用ポリ袋に一緒に入れる。

第2章　病院が試みる、やさしい対話の工夫

私が二〇一二年から香川の国立病院のプロジェクトに参加することになったのは、病院にアートを届ける活動をされている、その当時、森口ゆたかさん代表の「NPOアーツプロジェクト」に、お声がけをいただいたのがきっかけだった。そのとき初めて、医療現場におけるアート活動が一九七〇年代くらいから欧米で始まったものだということを教わった。そして翌年には、香川につづき和歌山の診療所のアート活動にも関わらせていただいた。

このふたつの病院のプロジェクトでは、現在「アーツプロジェクト」代表の森合音さんという女性が、主に私たちを担当してくれた。初めての病院内へのもの作りで私たちは、合音さんによって多くのことに気づいた。そのひとつが、作るものがいかに素晴らしいかより、そのものの存在が、医療者と患者の対話のきっかけに役立つことが大切だということ。自分ひとりではなく、想いを同じくする仲間や生徒たちとチームを組んだことで、それぞれの個性を生かした、手触りと温もりのあるものを病院に届けることができたと思う。

私は子どもの頃、病弱だったため、たびたび病院に連れて行かれていた。何をされるかわからないことがまず恐怖に感じたし、注射も嫌いだった。のどに扁桃腺の薬を塗られるのも嘔吐しそうになるくらい、つらかった。何度行っても独特のグレー味をおびた白い壁と白衣や沈んだ空気がしんどかったし、苦手で恐ろしかった。病院では、痛いことや怖いことしかされないという子どもならではの「恐怖心」がすっかり私の心の奥底に居座り、大人になってからもその感覚は変わらず。行くだけでいつも息が苦しくなってしまう。だから、子どもたちや体調を崩している人たちにとって、病院が恐くない場所＝安心できる、やさしい場所に近づける活動をお手伝いできるということが、個人的にもとてもうれしかった。

ここでは、モーネ工房が関わったふたつの病院でのもの作りとワークショップのことに加え、病院のなかでアートを軸に新たなケアのかたちに向き合うホスピタルアートディレクターとしての合音さんの想いを、ライターの赤澤かおりさんに綴っていただいた。

1時間に一度音が流れ、赤い太陽の時計が1周まわる、エントランスのからくり時計　作家／川嶋守彦　音／青木隼人

　写真：113 ～ 117p. 四国こどもとおとなの医療センター

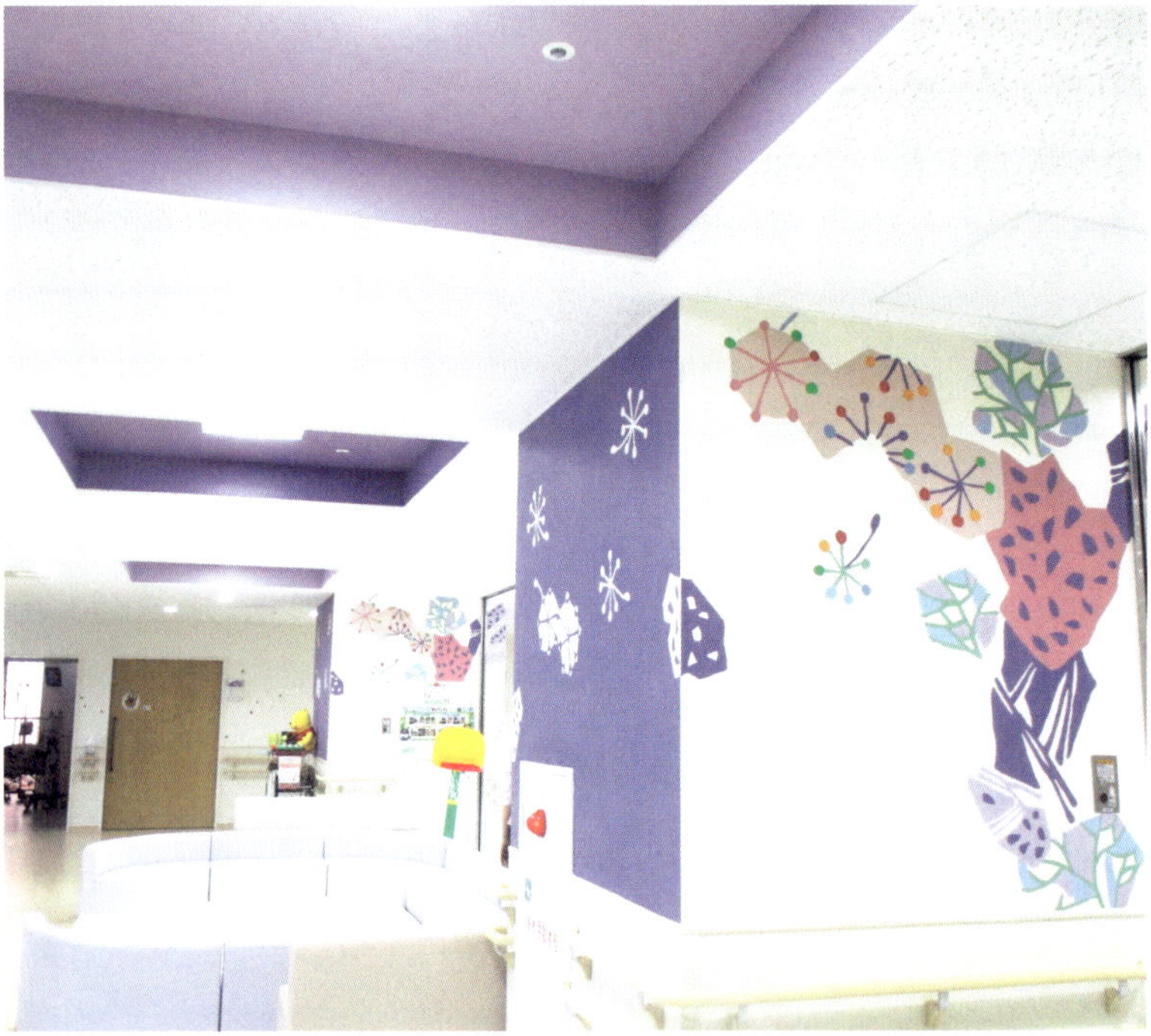

小児病棟の内壁は、楠の大木がモチーフに描かれている　作家／増田妃早子

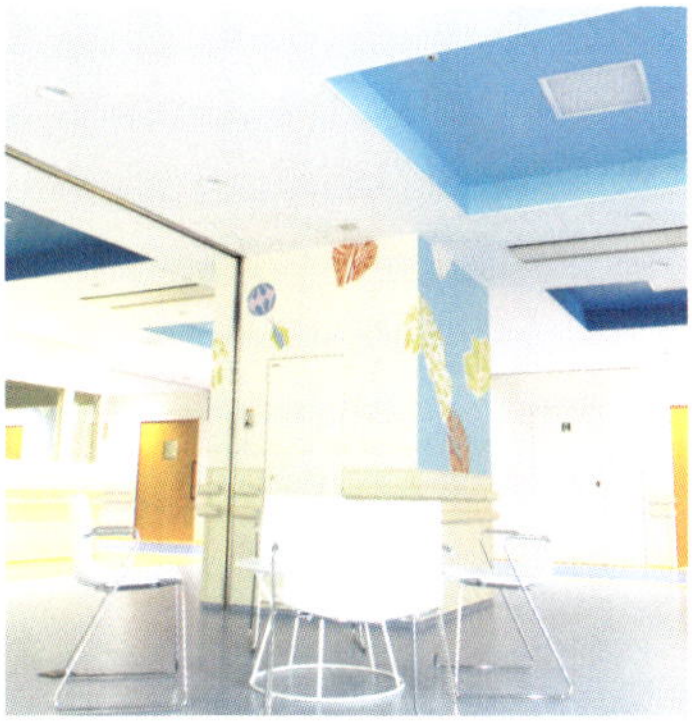

小屋のかたちの本棚がある遊び場、内壁画とカラーコーディネートされたサインやエレベーター扉など、院内は色に溢れている

旧香川小児病院の壁画をリメイクした産科病棟壁画

アート作品と花、ギフトが入った扉の３つが並ぶ小児病棟廊下

制作を手伝う寺子屋の生徒

飾り棚のプレゼンスケッチ

はがきとベンチが飾られた成人病棟

古い切手と消しゴムはんこの消印

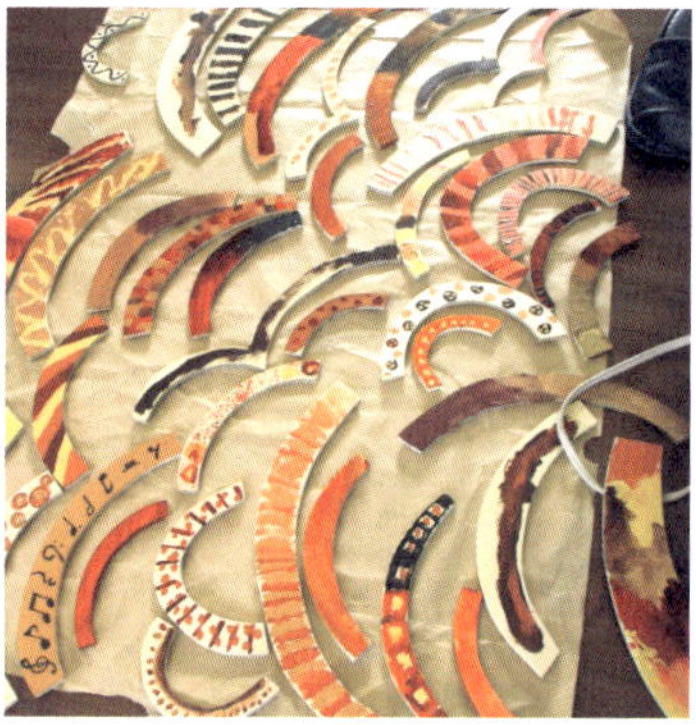

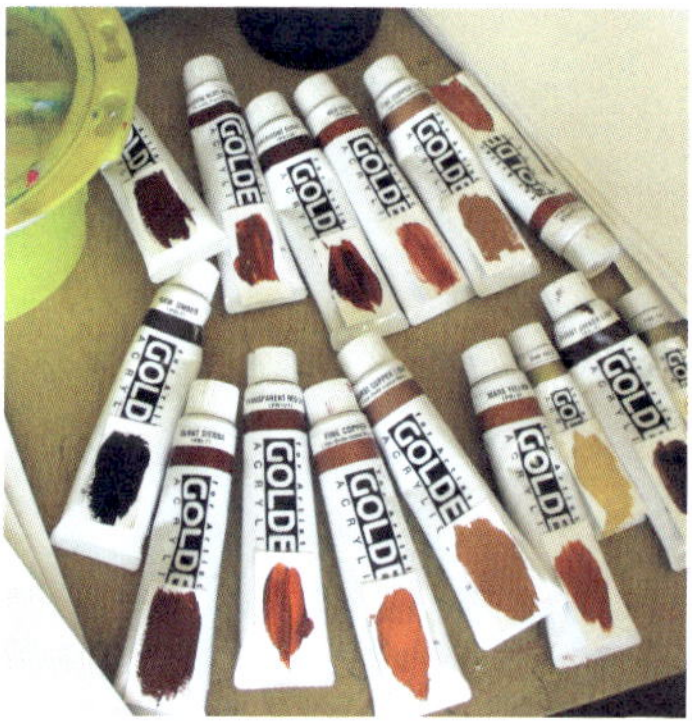

待合室の床で虹を茶色の絵の具で描いたワークショップ。壁への設置は、院長先生や作家さんも一緒に作業した　作家／あずみ虫

ワークショップの前に、作家が描いた壁画を見てまわる子どもたち

写真：四国こどもとおとなの医療センター

1　四国こどもとおとなの医療センター

「四国こどもとおとなの医療センター」の設立は、香川の善通寺にあった「香川小児病院」と「善通寺病院」が統合され、ひとつの病院になる大きなプロジェクトだった。もともと同じひとつの陸軍病院だった善通寺病院と香川小児病院。時代の流れとともに一度は別々になったけれど、六十年ぶりに統合され、四国こどもとおとなの医療センターとなったそう。合音さんは、昭和四十九年以降、二十四時間休むことなく病気の子どもたちの受け入れをしていた香川小児病院で、子どもたちの不安をやわらげる職員の方々の仕事をお手伝いすることから始め、ホスピタルアートディレクターの仕事を積み重ねてきたと聞いていた。新しい病院は、中川義信院長の意向によ

旧香川小児病院に入院していた子供たちが描いたハートの木が、病院の外壁に描かれている。

り設計の段階からアートやデザインを建物の外壁や院内に取り入れることが決まっていたが、これだけ本格的な取り組みは日本の病院、とくに国立病院では初めての試み。香川小児病院でこれまでに合音さんが担当し、育ててきた病院内でのアート活動が、新しくできる四国こどもとおとなの医療センターに受け継がれ、プロジェクトとなっていた。

アーツプロジェクトの森口ゆたかさんとスタッフの誘市しのぶさん、森合音さんが、モーネ工房のギャラリーの展示に来てくれた際、子どもや大人の寺子屋のファイルを見てくださったのが、私たちがこのプロジェクトに関わらせてもらうきっかけとなった。

四国こどもとおとなの医療センターのアートディレクターは、合音さんが務められ、医療は力強く父性的な営み、アートの役割は、そこで起こるすべての営みをありのままに受け止める、もうひとつの母性的なまなざしとしての存在とし、「MAMA ENE HOSPITAL」という母なるエネルギーに包まれた病院に、というコンセプトが決まっていた。人間が自然の一部であるということを忘れないよう、院内にはさまざまなかたちで「自然のかけら」を取り込み、病院をやさしい場所にするようなアートを設置して空間を作るプロジェクトだった。モーネ工房は、このプロジェクトのなかで、小児病棟と成人病棟の廊下の飾り棚に置くもの、院内に置く陶製の花器、霊安室の照明に関わった。

小児病棟の飾り棚

小児病棟の廊下に設置される飾り棚は、毎週花を生け替える棚と、患者さんへのギフトを入れる扉のついた棚、手作りの作品を置く棚の、三つがひと組になっている。合音さんから棚に関する説明を聞き、この棚は、ただ美しい花を飾るためのものだけではなく、患者と医療者の対話の機会を作るためのものでもあるし、手作りの作品を置く棚は、いつか入院している子どもたちが作ったものを飾る小さなギャラリーのようになってほしいという合音さんの想いも伝わってきた。

モーネ工房は、五〜十二歳の子どもたちを対象に紙や木などを使って、自由に創作する「こども寺子屋」という名のもの作りの講座をしていたので、すぐにいろいろなアイデアが浮かんできた。病院のインテリアに関するもの作りに関わるのは初めてのことだったけれど、もの作りを通して、子どもたちにわくわくした気持ちの刺激をすることは、できるかもしれないと思った。

小児病棟の廊下12カ所には、3つでひと組の飾り棚が設置された。

飾り棚のなかに入れるものは、十二カ月の季節を感じられるよう毎月変わる絵本はどうだろう、と提案した。主人公は、病院のマークにも院内のモチーフにも使われている鳥に、病院のなかではパステルカラーのやさしい色合いがいいと思い、プレゼンのスケッチは淡い配色でまとめた。

ちょうど、絵本の制作に取りかかる前のこと。父の法要があり、香川に行く機会ができたので、いいタイミングだと思い、香川小児病院のほうを見学させてもらうことにした。このことが私たちのもの作りを大きく変えることとなった。まず、病院内で目にした現実に、それまで自分が頭のなかだけで考えていたパステルカラーの絵本像はあっけなく消え去った。狭い廊下のあちらこちらに置かれたアート作品は、医療機材とともにあるため、合音さんから指をさして説明してもらわないと、絵もガラスコップに入った花も、新しい病院の飾り棚の元ともなった、背もたれに扉のついた椅子にも気づけない自分がいた。

息をひそめて、合音さんの説明を聞きながら壁の絵を見ると、真横をストレッチャーにのせられた子どもが、手術室へと運ばれていった。廊下の壁に張りつくようにして、子どもが通りすぎるのをただただ見ていたとき、これが医療現場のリアルな現状、命が関わっている緊迫感がドンと音を立ててぶつかってきた。ここは今までの私の経験では気がつかないような試みが日々、試行錯誤されている医療の現場。私は、頬を平手打ちされたようにはっきりと目が覚めた。これが病院なんだ、と。そして、こういったことの延長線上に新病院の試みがあることを思い知ることとなった。素敵にとかオシャレにとか表面的なものではないことを、この場所に身を置いて気づくことをもの作りに含めないと、何にもどこにも届かない。自分の仕事としての成果とかモーネがやることだからとか、そんなちっぽけな目線で、もの作りをしようとしていたんだと情けなかった。

日々繰り返されていることには、多くの経験と知恵が含まれている。その多くの経験と知恵のなかから、病院に何が必要なのか、小さな真実を少しでも届けないと、と思った。なんとなくふわっとやさしいものが病院には合う、と頭のなかだけで組み立てていたものが違っていたことを、はからずも父の法要が教え、導いてくれた結果となった。

帰宅後すぐに、色合いや作品の内容など変更したい箇所をスケッチし、合音さんに伝えた。作るものは、今までのこども寺子屋のカリキュラムのなかから、季節に寄り添った立体的な紙工作の絵本にしたいこと。ぱっと目に飛び込んでくるカラフルな色合いにすること。素材は段ボールや色の紙など身近に手に入る紙を使用することにした。素材を身近な紙に絞ったのは、院内で手を動かせる子どもたちが、病院のスタッフの方と一緒にこの紙工作をしたり、元気になって退院してからも家で同じように作ってほしいという願いからだった。体調が悪いともの作りする気力がなかなか持てないと思う。病気の子どもたちが、飾り棚を見たとき「あっ！　わんちゃん」とか、「あっ！　おさかな」と、「あっ！」と、思ってもらえたら、手を動かしたことと同じような作用となり、心にも届いたらいいなぁという私自身の想いも伝えた。合音さんは、「いいですね」と共感してくださった。飾り棚の構造として、紙工作の立体的なパーツが、棚のなかのどこにでも配置ができるように内側を鉄製で施行してもらい、私たちは魚や犬など、すべての紙工作パーツの裏面につけ替えができるよう、マグネットをつけて仕上げることにした。

主人公の鳥は主役らしく陶器製にし、紙工作のものとは少し質感を変えて。また、毎月絵本のページをめくったようにしたいと思い、新聞紙を切って作った切り文字で、飾り棚の枠に「あっ！」という言葉も取りつけた。もの作りが進むと同時に、これだけの量の立体物をどう保管するか、輸送と病院内での収納も兼ねたパッケージが必要となり、主人が作品に合わせた間仕切り付きの収納ボックスを

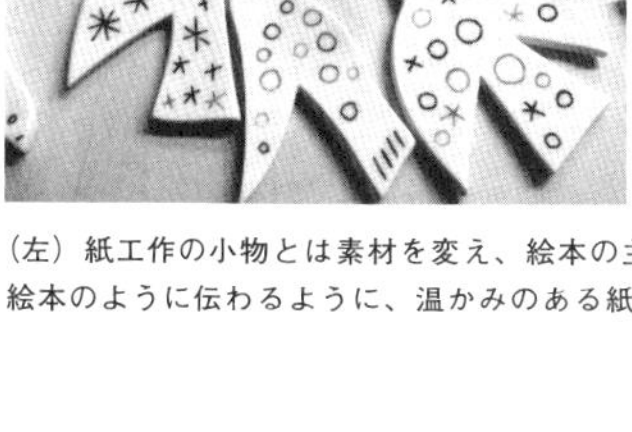

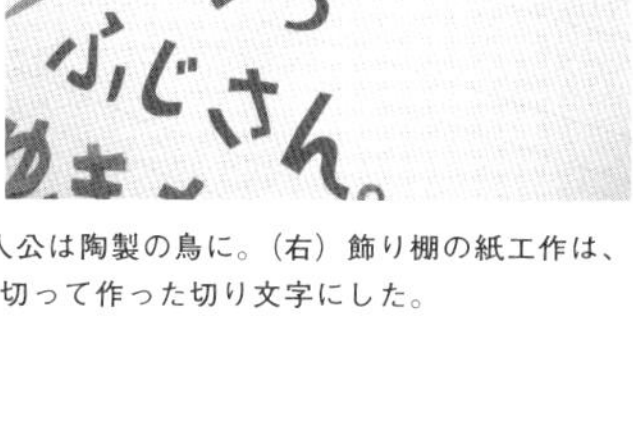

（左）紙工作の小物とは素材を変え、絵本の主人公は陶製の鳥に。（右）飾り棚の紙工作は、絵本のように伝わるように、温かみのある紙を切って作った切り文字にした。

あっ！わんちゃん。

あっ！みずたまのおはな。

あっ！ふじさん。

あっ！しろいおはな。

あっ！おさかな。

あっ！こいのぼり。

あっ！りんごのき。

あっ！どうぶつえん。

あっ！せみととんぼ。

ふじさ

あっ！ゆきたるま。

あっ！おうち。

あっ！おつきさま。

作って対応することとなった。

小児病棟の飾り棚の制作は、私と主人、スタッフの小松さんを主軸に、モーネ工房の仲間や生徒たち、ほかにもたくさんの方たちの手を借りながら進み、約二カ月間、工房内は病院のもの作りだけに、ぐっと集中した。

できあがった「あっ！のえほん」を少しでも早く合音さんに見てもらいたくて、画像をメールで送ったら、こんな感想の言葉をいただけ、本当によかったと、心底ほっとした。

「病院にいたって、わくわくしてもいいんだと思います。どれも見ているだけで楽しくなってきます!! でも、それは哀しみを知らないということではなく、知っているからこそ、本当の楽しみを享受できる。作りだせる。皆さんのそんな深い力を感じます。同じものがひとつもない。由季子さんたちが気づかせてくれるのは、いつもそんな当たり前の大切なことです」。

今も合音さんからは、飾り棚の絵本から生まれた院内での対話がときどき届く。開院してしばらくして飾り棚が「あっ！ しろいおはな。」になったときには、看護師さんが花の折り紙を、夏の「あっ！ せみととんぼ。」になったときは、折り紙でかぶと虫やせみを置いてくださっていたと伺った。そんな話を伝えてもらうたび、みんなが想いを込めて手を動かした「あっ！のえほん」から少しずつ対話が生まれていると感じて、うれしくなる。

成人病棟の飾り棚

小児病棟と同じく、成人病棟にも飾り棚がある。ここの棚について考えたとき、すぐにモーネ工房の生徒の吉川玲子さんが卒業展で作った「植物のおはなしだより」という絵はがきが思い浮かんだ。

吉川さんは、普段からご主人と高山植物を見るために山登りをしたり、自宅の草花はもちろん、トマトやメロンといった野菜や果物も種から育てたりと、身のまわりに植物を絶やすことがない。とにかく植物が大好きな人なのだ。モーネの寺子屋に通っていたときの「一日一枚、植物の絵と言葉をノートに記録する」という宿題をきっかけに、「植物のおはなしだより」という作品が生まれた。それは色エンピツで描いた植物の絵とその植物にまつわる話がプリントされた絵はがきで、毎月一枚を一年間送るというもの。注文した人が自分へ送るというよりは、離れて暮らすご両親や、庭いじりが好きな田舎のおばあちゃん、元気のない友人へのプレゼントということが多かったのが印象的な作品だった。送付を始め

てしばらくすると、おたよりが届いた方々から「この植物のはがきで、やさしい気持ちになれた」という反響がたくさんあった。

「植物のおはなしだより」が年齢問わずたくさんの方に好評だったのは、自然からの贈り物である「植物」がテーマだったことと、はがきで送るというゆっくりとしたペースがよかったのだろうと感じていた。きっと成人病棟の飾り棚にも、この「植物のおはなしだより」を置いたら、自然を身近に感じてくれるかもしれない。そんなふうに思い、さっそく合音さんに相談することにした。

病気で気力や体力が低下している人たちも読みやすいように、病院に送った絵はがきは、サイズを大きくしたり、文字色の濃度を濃くしてもらったりした。この「植物のおはなしだより」は、外の世界の季節がわかる植物の絵が言葉とともに、はがきで送られてくるという変化が大事だと思っていた。だから、病院にも郵便で送られてきたという仕立てにしたかった。実際に送るわけではないので、宛名面に貼る切手は鳥や植物をモチーフに描かれた古い切手を貼りつけた。消印が押されていたほうが本当の郵便物のように感じてもらえると思い、消しゴムではんこを作るのが上手な生徒に、十二カ月分の数字と植物だよりの文字が入った消しゴムはんこを作ってもらった。はがきの宛名面には、「植物のおはなしだより」と同じように、吉川さんに四国こどもとおとなの医療センターの住所と名前を手で書いてもらった。また、見てくれた人には、たとえ体は病院のなかにいても、心は病院から抜け出して、野原のベンチに座っているような気持ちになってほしいと、棚のなかにワイヤーと木で日本の野原で見かけるようなミニチュアのベンチを作ってもらい、はがきと一緒に置くことにした。

成人病棟の棚から生まれた対話についても、ときどき合音さんから便りが届く。患者さんはもとより、看護師さんたちも毎回はがきが届き、読むのを楽しみにしてくださっているようだった。「成人外来の高齢の患者さんが、飾り棚の前でじっと読んでいらっしゃって、『このはがき、誰が描いてくれとるんやろう。前のはがきはちゃんと誰かが保管してくれとるんやろか』と、心配されてました。毎回楽しみにしているみたいですよ、と看護師さんがとてもうれしそうに報告してくれたんですよ。静かに楽しみにしてくれる人がちゃんといる、循環していると感じられたうれしい出来事でした。いつも病院のなかにこんな一瞬を届けられたらと思っています。病院のなかで変化するものがあることは、医療者にとっても患者さんにとっても大事なこと。『癒し』は外から与えられるのではなくて、何らかの刺激、変化を届けることによって、それぞれの心のなかに生まれるものだと、つくづく思います」と、合音さんからメールが届き、本当にその通りだと思えた。看護師さんはこのあと、はがきのことを心配してくださった患者さんに、十二カ月すべての植物のはがきをカラーコピーし、手渡してくださったのだそうだ。

縁あって病院のもの作りに関わるようになり、元気な人が想像するより、病院ですごしている人たちの時間はもっともっとゆっくりで、何気ない日常が刺激のない毎日だということを、身をもって感じた。変化するのは自分の病気のことだけ。小さな小さなことを見つめていかないと、病院のインテリアに関するもの作りの役割は果たせないし、それは簡単ではないと、関われば関わるほど身に沁みている。

植物を見ることも、触れることも、育てることも、食することも、すべてが暮らしのなかにある吉川さんが描くはがきには、植物を好きな気持ちとたくさんの「自然」に関する情報が詰まっている。「自然治癒力」という言葉があるように、病気のときこそ近くに自然があったら、回復の手助けになるのではと思う。吉川さんの植物だよりは、植物の絵とそれにまつわる話がつづられているので、読むだけで心のなかにすーっと自然が広がっていくように感じる。それは、その人それぞれの記憶のなかにあるような小さな自然。植物のはがきは、香川の病院で今もしっかりと役割を果たしてくれている。

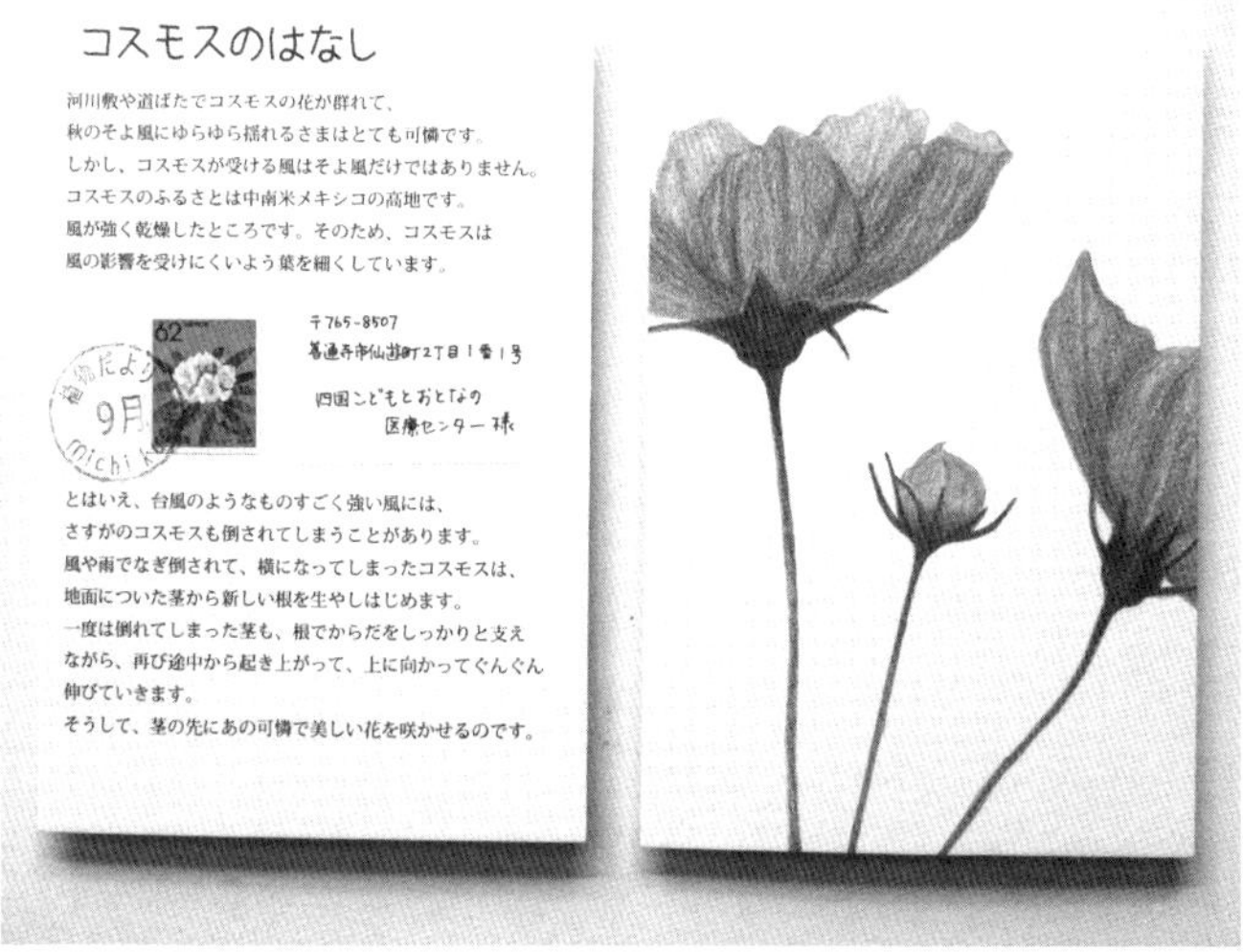
コスモスのはなし
河川敷や道ばたでコスモスの花が群れて、
秋のそよ風にゆらゆら揺れるさまはとても可憐です。
しかし、コスモスが受ける風はそよ風だけではありません。
コスモスのふるさとは中南米メキシコの高地です。
風が強く乾燥したところです。そのため、コスモスは
風の影響を受けにくいよう葉を細くしています。
62
9月
〒765-8507
善通寺市仙遊町2丁目1番1号
四国こどもとおとなの
医療センター 様
とはいえ、台風のようなものすごく強い風には、
さすがのコスモスも倒されてしまうことがあります。
風や雨でなぎ倒されて、横になってしまったコスモスは、
地面についた茎から新しい根を生やしはじめます。
一度は倒れてしまった茎も、根でからだをしっかりと支え
ながら、再び途中から起き上がって、上に向かってぐんぐん
伸びていきます。
そうして、茎の先にあの可憐で美しい花を咲かせるのです。

かたばみのはなし

日本郵便
20
アマミノクロウサギ
ドングリは、森の

（上）２週間ごとにかわる植物のはがきは、表側も宛名側も見られるように飾った。（下左）はがきの前に置いたワイヤーと木で作ったミニチュアのベンチ。（下右）本当に病院にはがきが届いたように感じてもらいたいとの思いから、消印風のスタンプを作り切手に押した。

植物を描いた花器

部屋のなかに植物があるのが好きな私は、病院にも花や植物があると家にいるようで、ほっとなごむ。だから病院で毎週、花の生け替えをしている話を伺い、とても素敵な試みだと思った。しかもその試みのお手伝いとしてこんな依頼をいただいた。

それは、香川小児病院でガラスコップに生けていた花を、新しくなる病院ではオリジナルの花器で生けようというもので、その花器の制作を依頼されたのだ。花器のかたちは、すでに合音さんのほうに、楕円形であることや大きさ、高さなどの具体的なイメージがあったので、すぐに主人がケント紙を使って実物大のかたちを作り、互いの考えを確認しておおよそのイメージを固めることができた。花器は無地ではなく、絵を入れたいと思った。それで、どんな絵を……、と考えたとき、すぐに松本朱希子さんの絵柄が浮かんだ。広島で育った松本さんの身近には、子どもの頃からずっと山や畑、瀬戸内の豊かな自然があった。故郷を離れ、モーネ工房内に住んでいた頃も、ご両親が慈しみ育てた庭の草花が工房や

彼女の部屋のあちらこちらに、いつも生けられていた。そんな彼女が描く、植物や自然の繊細な線画は、ずっと眺めていても飽きることがない。静かに自然に寄り添った心地よさがあった。

ちょうど工房にあった松本さんが描いた陶器の豆皿やココットを合音さんに見てもらうと、とても気に入ってくださったので、さっそくイラストをお願いした。病院の外にある「日常」を少しでも病院のなかに届けたかったので、「病院にいる子どもたちは、虫や小鳥たちを飼ったり、見たりすることができないから、せめて花器にそういうものたちが住んでいたらいいなぁ」とだけ伝え、具体的にどんな植物や生き物を描くかは彼女にまかせた。主人が作ったシンプルな楕円形の花器に、松本さんはやわらかな線画で小さな植物や小鳥、かわいらしいセミやゾウ虫などを、ぐるりと一周描いてくれた。五十個もの数を手描きする、とても大変な作業になってしまったけれど、すべて違う絵が描かれた花器は、置き方次第で植物や生物の見え方が変わるものになった。

仕上がった花器は、飾り棚以外に、病院の受付やトイレなどにも置かれることになった。今でも病院に行くたび、あちらこちらでこの花器を目にして、気持ちがなごむ。合音さんに「なぜ、こんな素敵なアイデア思いついたの?」と聞くと、合音さんのお母さんが入院されたときの経験が、きっかけだったと話してくれた。「いつも家族のために働いてくれている元気な母が、入院して手術することになって。母のために何ができるんだろうと考えたとき、庭が好きな母だから、病室に花を毎日持っていって生けたんです」と。それを聞いて心配顔になった私に、合音さんが「今はもうすっかり元気ですよ」と微笑みながら応えてくれた。

この話を伺い、合音さんがお母さんを想ってしてきたことが、大きな病院の空間を変えるきっかけになったのだと知った。

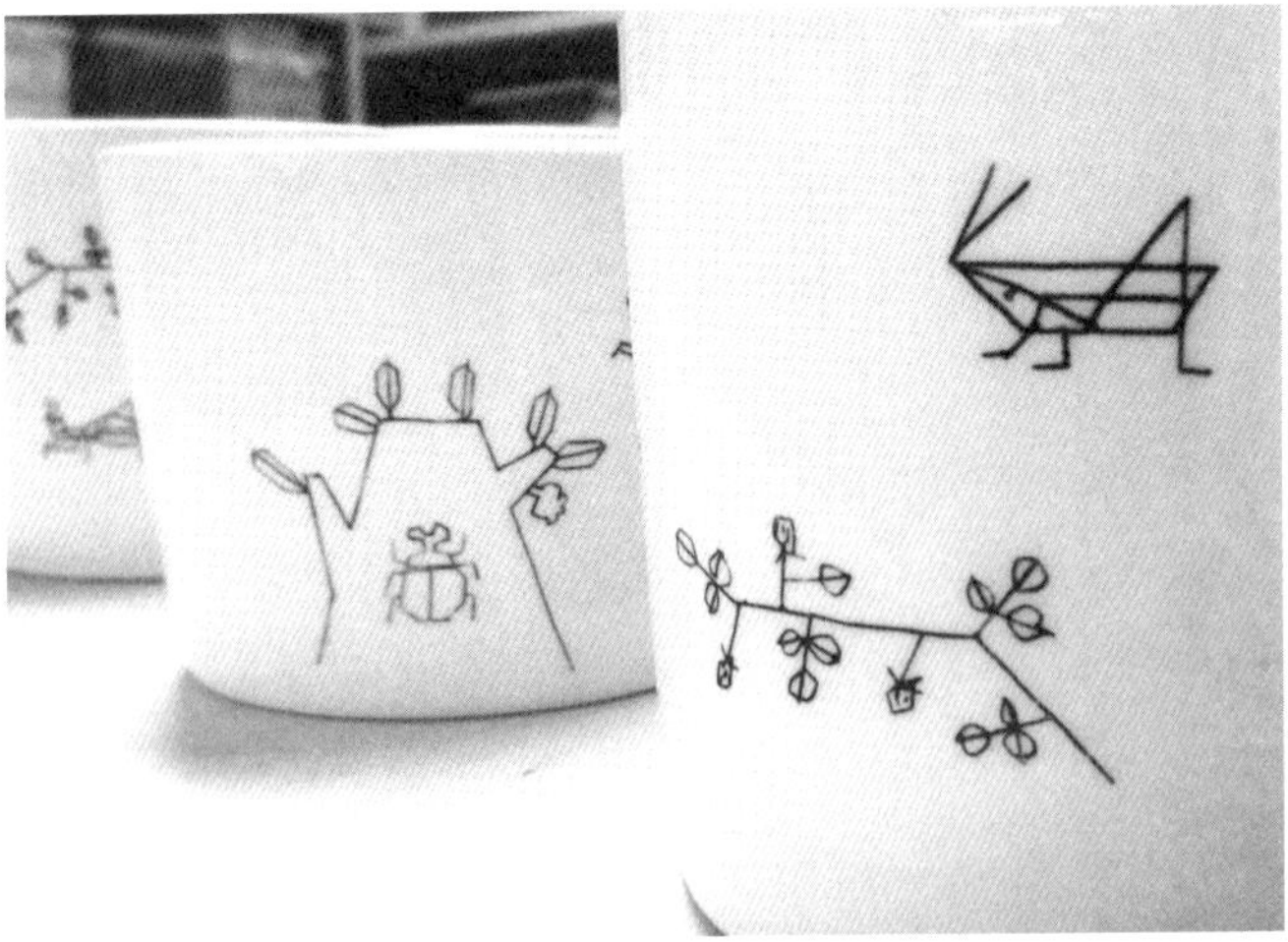

楕円の花器は、花を生けて置いたときに、絵柄の見え方が違うようになるかもしれない小さな変化のために、前面も後面も植物や小さな生き物の絵を描いた。

ギフトが入った飾り棚

病院内には扉つきの飾り棚がある。なかにはちょっとした折り紙やストラップなどといった、小さなギフトが入っていて、入院している人は扉のなかに入っているものを受け取っていいというものだ。その棚は、私たちが関わった「あっ！のえほん」や「植物のおはなしだより」、花器の飾り棚とともに並んでいる。

この扉つきの棚を作ったきっかけは、旧香川小児病院で入院していたある女の子との対話からだったと、合音さんが話してくれた。

「以前、何度も入退院と手術を繰り返していた女の子が退院したあと、病院にいる子どもたちに渡してほしいと、小さなぬいぐるみをいくつも作って手渡してくれたことがありました。自分自身も手術に向かうとき、ぬいぐるみを手にしていると安心できたからと。けれどもそのぬいぐるみは手術が終わると返さなくてはいけなくて、それが悲しかったから、手術のときにも、終わってからもずっと一緒の自分だけのぬいぐるみを、という想いを込めて届けてくれたものでした。たとえ病を

抱えていたとしても、できることはあると信じ、行動した彼女の想いを受け、香川小児病院では子ども用の白い小さな椅子の背もたれ部分に扉をつけ、そこにそのぬいぐるみを入れて、入院中の子どもたちが受け取れるようにしたんです。贈り物を病院内の誰もが受け取れる場所に置いたのは、その女の子が受け取った人が負担にならないよう、匿名で渡してほしいという希望があったから。その想いもかたちにしたいと、引き継ぎました」。

旧病院でのその試みをそのままに、新病院では建物をたてる段階で、廊下の壁面に扉のついた棚を作ることになったのだそうだ。

飾り棚にギフトを入れる森合音さん。見つけた人は誰でも持ち帰ることができる。

「しりとりえほん」を贈る活動

新病院の扉つきの飾り扉に入れるギフトは、絵手紙や折り紙、手作りのパラパラ写真絵本などさまざまで、届けてくださる方も病院のすぐそばにある善通寺の地域ボランティアの方や関西から来るプログラマーの方など、多方面にわたっていた。

この話を伺い、病院のプロジェクトに関わらせてもらえた感謝の気持ちを込め、私たちも何か作って贈りたいと思った。紙好きなモーネ工房らしく、紙を使った何かをと考えていたとき、ふと生徒の八島一恵さんが、寺子屋の卒業展で作った「しりとりえほん」がぴったりかも！　と気づいた。彼女が作った「しりとりえほん」は、新聞紙や包装紙などを一ページずつ切り貼りして作った手作りの絵本。しりとりなので、ページをめくる瞬間、次に何が現れるのか、子どもでも大人でもワクワクする作りになっていた。ボランティアで高齢者施設に行く際にこの絵本を持っていくと、施設内での会話のきっかけになると聞いたこともあった。絵も文字も紙を切って貼ってある世界に一冊だけの、人の手の動きや温も

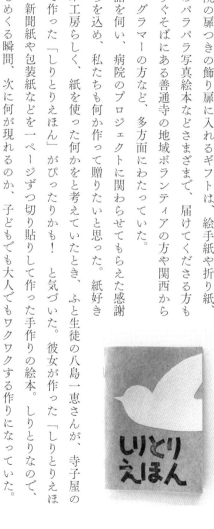

り、ざらっとした紙の手ざわりを感じる絵本は、きっと病院にいる人たちに喜んでもらえそうだと思ったし、何よりほっとしてもらえるのではないかと思った。八島さんにモーネの生徒や仲間たちに協力してもらって病院に贈る「しりとりえほん」を作ってもいいか尋ねてみると、ふたつ返事で「患者さんたちの役に立つなら」と喜んでくれた。しかも制作の協力もしてくれると言ってくれた。

絵本の大きさはポストカードサイズの紙五枚を半分に折ったもので、真ん中をホッチキスで留めた簡単なつくりを考えた。それで二十ページできるから、しりとりは表紙を除いた一見開きずつ九の言葉がつながる絵本にしようと思ったのだ。八島さんから、「最後の三見開き分は白紙のままにして、『つぎはなに?』と付箋に書いて貼りませんか? そうしたら受け取った人たちがしりとりのつづきを考えてくれるかもしれない」と、提案があった。病院のなかにいる人を本当に想うからこそ、気づけた、とてもいいアイデアだと思った。

扉のついた飾り棚は、対話のきっかけのためにある。絵本をあえて未完成で贈って、小さな付箋に「つぎはなに?」と書いて、心を刺激できたら。たとえ、ハサミを持って紙を切らなくても、一緒にもの作りしたことになるように思えた。まさに、対話のもの作りだ。モーネ工房から贈るということで、最初の言葉はモーネを意味する「つき—月」を黄色い紙で切って貼った。表紙は病院のモチーフの鳥を貼り、同じ黄色い紙を使うという決まりにし、生徒たちに伝えた。皆、心よく協力してくれ、一回目は五十冊のそれぞれ違う「しりとりえほん」を贈ることができた。

合音さんからは病院内での感想が時折届く。あるときは、「しりとりえほんは、患者さんにプレゼントする前にまず、私たち職員があの絵本によって驚き、楽しみ、励まされています」と伝えてくださった。またあるときは、「重心病棟（重症心身障害児病棟）の患者さんのご家族がとても喜ばれ、いつもは病気のお兄ちゃんに、お母さんがずっとかかりきりだから、一緒に付き添ってくる弟は、このしりとり絵本を見てつづきを考えたりして、楽しんでくれましたよ」といったエピソードが届いたりもした。「変わることは病院にとても必要なことだと、つくづく思います。こんな想いの循環が病院内にあることを心からうれしく思いました。モーネの皆さんのサポートに心から感謝しています」という合音さんの言葉に、皆でじんとしたこともあった。

合音さんの言う「変わること」とは、道にタンポポが咲いていたり、木の葉が赤くなってきた、という誰にでもある日常のこと。病院の外の世界はそうやって季節の移り変わりで少しずつ毎日何かしらの変化がある。けれども病院にいると「変わる」のは、病状のこと。そうではなく、外の世界と同じ日常を、との想いが込められた「変わること」だった。

「しりとりえほん」作りを手伝ってくれたモーネ工房の生徒たちにも、この感想を伝えると、手を

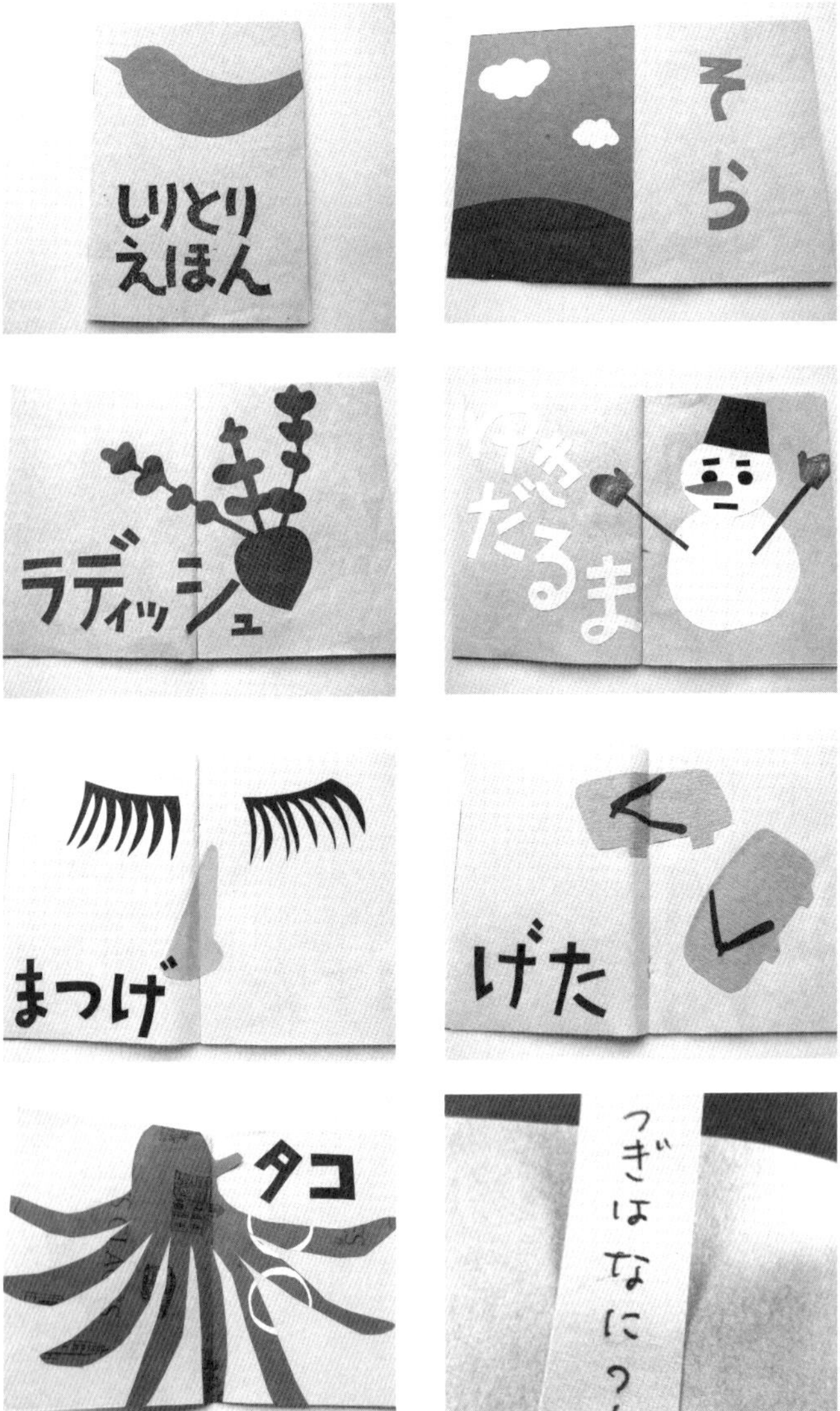
しりとり
えほん
そら
ラディッシュ
だるま
まつげ
げた
タコ
つぎはなに?

（左）寺子屋の生徒たちが1冊ずつ紙を切って貼った、手作りの「しりとりえほん」。（右）「そらー空」から始まる「しりとりえほん」のそれぞれのページ。

動かすことで誰かの役に立てたんだと、皆、喜んでくれた。

「つき」の次は、青い紙で「そら―空」、白い紙で「ゆき―雪」、と自然をモチーフに言葉を決めて、量はそれほど多くはないけれど、今も「しりとりえほん」の活動をつづけている。二年たち、寺子屋の生徒以外にもギャラリーに来られる人たちが協力してくださったりして、この活動の輪は小さいけれども、じんわりと広がっている。

おばあちゃんのあみぐるみ

モーネの仲間の九十二歳になるヒサコさんは、娘さんが描いたクマの絵を見て編んだあみぐるみを病院に定期的に贈ってくれている。編むことが何より大好きなおばあちゃんだったけれど、九十歳をすぎた頃からあまり手を動かさなくなっていた。でも、病院に贈ったあみぐるみが、子どもたちや職員さんたちにとても喜んでもらえたことを聞き、また手を動かすようになったと娘さんから聞いた。

合音さんからは「保育士が子どもに治療の説明をするとき、この手足の長いクマを使って説明してるんですよ。リハビリにも役立っていて。両足に装具をつけ、歩くこともままならない状態だった男の子が、ご褒美にもらえるこのあみぐるみのために頑張っていたという話を聞いたこともありました。重心病棟に入院している子どもは毎晩、寝るときにこのあみぐるみを抱いて寝ているんですよ」。

担当している看護師さんから、「その子にとって、おばあちゃんの編んだあみぐるみは、とても大きな存在です。九十代のおばあちゃんの手仕事が、病院のなかにキラキラした瞬間を創ってくれていて、立派な社会貢献だと感じています」というメッセージが合音さんに届いたこともあったそうだ。

　ヒサコさんにもこの話が届き、患者さんから手紙をもらったりしたことでまた元気をもらえ、虹色、桜色、海色、と季節に合った色の毛糸でさらにあみぐるみを作り、定期的に病院に贈っている。誰かの役に立っているという喜びは、手だけではなく、心も動かしてくれると思う。

　ひとりの女の子の想いから始まった扉つきのギフトの飾り棚は、「想いともの作りの循環」のかたち。贈る数はそのときどきで少しの場合もあるけれど、ともに支え合うもの作りの活動を、生徒たちと一緒に今後もつづけてゆきたいと思っている。

やわらかくてやさしい抱き心地のおばあちゃんのあみぐるみ。

霊安室の照明

当初、霊安室の照明は依頼のなかになかった。ある日、合音さんとモーネのギャラリーで飾り棚の打ち合わせをしていたときのこと。合音さんが、窓にかかっていた紙のブラインドを見上げ、「これを霊安室の照明のために作っていただけませんか?」と、突然言われた。

そのブラインドは、ギャラリーを始めるときに、トレーシングペーパーで作ったもので、別棟の寺子屋で使う部屋の模様替えをするときに使った、残りの紙片を再利用したもので、ただ窓のサイズに貼り合わせた、とてもブラインドとは呼べないような、大きな一枚仕立ての紙だった。霊安室という病院のなかでもあまりに特別な場所に、こんなざっくりした紙のブラインドを、という依頼に本当に驚いた。しかも、私はアーティストでも作家でもない。「絶対無理です」と、すぐにそんな返答をしてしまった。すると合音さんは、静かにご自身の霊安室という場所への想いを話してくださった。

モーネにかかっている紙のブラインド。

「病院にとって霊安室は神聖でとても大切な場所で、それぞれの病院の死生観が現れると思っています。新病院の霊安室には、確かに存在はするけれど、主張しすぎないような、そんなものが何かほしかったんです。作品ではなく、気づかないけれど、寄り添ってくれるような。ここの窓にかかっているような、すっきりとした光のブラインドを作っていただけないですか？　霊安室は二カ所あるんです」。そう言われたとき、二カ所という数に私の心が反応した。両親はふたりとも香川県出身で、今は元気だけれど、いつか必ず見送ることになる。両親の生まれ故郷である土地の病院に霊安室がふたつあること。もしかしたら、いつか訪れる両親を見送るときのことを想ってならば、私にも作れるかもしれない。そう思い、お引き受けすることにした。

モーネ工房のブラインドと同じように、照明は霊安室にもその向こうに窓があるかのように、裏面にはバックライトが組み込まれた構造で作られることになった。合音さんと設計士の方と三人で打ち合わせしたとき、図面は横長のバランスだったが、日本人が床の間を「結界」と表現するように、この窓も、生きている人と亡くなった人との「結界」のような存在にしたいと思い、縦に長いバランスに変更させてもらった。設置する位置も、空に向かう印象になるように、少し高い位置に取りつけることを提案したら、ふたりとも共感してくださり、その方向で進むことに。窓のフレームの木の色は、祭壇の木と同じ無垢の白っぽい木で、木工家の方がブラインドに合わせて作ってくださることになった。

実際、霊安室という特別な場所に置かれるものを作るということは、ものすごく大きなプレッシャーであることに変わりはなかった。だからこそ平常心で向き合わなければと、展示もない静かなギャラリーの空間に身を置き、ひとりでじっくり集中して制作した。

依頼があったときには元気だった父が、いざ制作となったときには、まさか他界してしまうだなんて、想像もしていなかったけれど、いつかのときと想って引き受けた仕事が、本当に父を想い、手を動かすことになった。おかげでその時間は、父と私とが対話できたような、そんな気持ちになれた。この光に溢れたブラインドができあがったとき、ふと、「空へ」というタイトルが浮かんだ。

できあがったブラインドを設計士さんにお送りしたあと、「無事、照明に組み立てられ、霊安室に設置されました」と、連絡をいただいた。照明がついた霊安室に初めて入った合音さんは、そこでブラインドとその向こうにあるかのような窓を長い時間見つめていたと聞いた。そして言葉にするのがもったいなくて、少しのあいだ自分のなかでそっと思っていたという、こんな言葉を送ってくださった。

「死は、自然界に生きるものにとっていつかは必ず訪れるものであり、旅立ちの時を迎えた魂を、静かに神聖な気持ちで送り出せる場として、霊安室に窓のようなものが必要だと思っているんです。

照明の前の祭壇に1輪の白い花。

哀しみを助長するような光ではなく、よどまず流れる、川の流れのようなすっきりした光を感じる。何回見ても一見相反するような、清々しさと温かさを内包する不思議な照明だと思います。あの日のモーネの光にとても近いものに完成してうれしいです」と。

私が新病院に初めて足を踏み入れることができたのは、飾り棚を設置するために訪れた、開院直前のときだった。合音さんが院内を案内してくださる前に、「霊安室を最初に見られますか」と見る順番を尋ねてくださったので、「最後で」とお願いした。泣き虫の私は、父を想って作った照明を見たときにきっと泣いてしまうと、制作しているときから思っていたからだった。でも、最後に霊安室に入ったとき、不思議と涙は出てこなかった。照明のやさしい光が、父にまた会えたような気がしたからかもしれない。その気持ちを合音さんに話したら、「『またね』こそが、私の『死』に対する認識のすべてです。きっと『さよなら』はどこにもなくて、永遠につづく『またね』のなかで私たちは生きているのだと思います」と。合音さんにそう言ってもらえ、いつもモーネで見ているようなやさしい光の窓が表せたかもしれないと、父に感謝した。そして、この機会は、父が私に贈ってくれた最後のギフトなんだと思った。

2　赤ちゃんとこどものクリニックBe

和歌山の田辺市にある「赤ちゃんとこどものクリニックBe」は、「元気なこどもをみんなで育てる」を理念に、出産直後の新生児から中学生までを対象にした個人診療所。院長の番浩先生は、「授かった命を愛しみ育むのは、その両親であるのはもちろんですが、地域の人たちとの関わりなくしてはむずかしい。心と体が健康な子どもをまわりの大人が愛情を持って育てることが今、最も大切なこと」だという理念を持ち、診療所を切り盛りされている。病気やけがの治療のほかにも子どもが健やかに成長するためのお手伝いをするということに力を入れ、仕事を持つお母さんたちのために「病児保育にじ色ひろば」という名の病児保育を開設したり、ときには休日にも病院を開け、予防接種、離乳食教室やベビーマッサージなど、子育てに関するさまざまな場を設けている。そんなクリニックBeのお手伝いをモーネ工房がさせてもらえることになったのは、院長である番先生が開業して一年をすぎた頃、院内にある階段部分がただ白いだけでさみしい感じがしたことから。そこでホスピタルアートで何かできないかとネット検索し、四国こどもとおとなの医療センターの病院内のアート活動を知ったのがきっかけだったと聞いた。番先生は自らの手で調べ、合音さんたちが所属するアーツプロジェクトに連絡をとられたのだった。

2階から和歌山の海が見える心地よい場所にあるクリニックBe。

診療所でのワークショップ

番先生に診療所内のアートの依頼を受けた合音さんと誘市さんは、先生をはじめ職員の方々にどんなアートにするかのヒアリングを重ねた。そのなかで、クリニックBeのロゴマークになっているハチドリが、『ハチドリのひとしずく』という物語が由来だったことを知る。また同時に、診療所の理念の基でもあり、待合室に展示している『ハチドリのひとしずく』のなかの言葉、「私は、私にできることをしているだけ」が、このプロジェクトの主軸になると気づいたのだそうだ。もうひとつ、番先生には虹を描いてほしいという希望もあったと聞いた。合音さんたちはその気づきを、『ハチドリのひとしずく』のつづきを書くことで表すことにして、病院内のアートとしてかたちづくるために、番先生や職員の方々、私たちモーネ工房や作家さんへとつなぐ作業をされた。つづきの物語は「ハチドリのひとしずくのその後の物語」と名づけられ、その物語を壁画にすることになり、プロジェクトは動き出した。

私は『ハチドリのひとしずく』という物語を知らず、すぐに本を取り寄せた。副題に「いま、私にできること」、本の帯には「これは、ちいさな力の大切さを教えてくれる南米アンデス地方の古くてあたらしいお話です。」と書かれていた。

南アメリカの先住民に伝わる、クリキンディという名の体長十センチほどの小さなハチドリが主人公のお話。あるとき、森が火事になり、動物たちは皆、森から逃げていく。そんななか、一匹のハチドリがくちばしで水を一滴ずつ運んでは火の上に落とす作業をつづけていた。それを見た動物たちは「そんなことをしていったい何になるんだ」と尋ねる。するとハチドリは「私は私にできることをしているだけ」と答えた、という本当に短い話だった。が、私はこの物語にものすごく心を揺さぶられた。ときどき、今やっていることは、これでいいのか、この先どうしていったらいいのか、と迷うことがある。結果がどうなるのか見えなくても、小さな積み重ねが大事なんだ、とこの物語に気づかせてもらえた。

『ハチドリのひとしずく』は、ハチドリがひとしずくの水を懸命に運んでいて、森が燃えたままで終わっている。そのあとは読んだ人が考える、というのがこの本の主旨だった。合音さんが書き加えた「その後の物語」は、森から逃げだした動物たちが、戻ってきて自分にできる小さなことをそれぞれにやりつづけていたとき、雨が降って山火事がおさまり、晴れた空に虹がかかるというものだった。その物語は懸命に子どもの医療に向き合っているこの診療所の姿を重ね合わせたものだと感じた。

私の役割は、番先生や職員さんにも手を動かしてもらい、作家さんの作品と一緒に壁画として展示するためのワークショップの内容を組み立てることだった。まず、どうしたら作家さんが描いた動物や虹と、番先生や職員さんたちが描いたものを、同じ壁に飾ったとき、ひとつになって互いに共鳴し合えるかを考えた。そこで、ワークショップで描くモチーフは、虹のみにしぼることにした。虹という単純なかたちなら、大人になってから絵を描くことがない人でも、自然と手が動くのではないかと思ったからだった。虹は、七色の縞でなくてもいい。水玉の虹があってもいいし、一色だけの虹でもいい、思うまま、自由に描いてもらえれば、と考えた。

ワークショップの題目は「虹を描こう！」。合音さんたちからは「みんなで描く虹。とても素敵だと思います」と、共感いただけた。診療所は自然素材の木の温もりあるインテリアだったので、虹の素材は木を使用することにした。絵の具も木の質感に寄り添った自然色の茶系に限定した。

作家さんの作品を壁に設置した翌日の日曜日が、ワークショップの日だった。職員さんとそのお子さんたちに、まず設置した壁画を見てもらい、「ここに飾る虹を作ってね」と皆さんの虹を飾る場所の説明をした。会場は診療所の待合室。番先生と職員さん、そのお子さんたち、二十人近くに床にしゃがみこんで描いてもらったのは、机と椅子が多人数分なかったこともあったが、しゃがむ

姿勢をすることで、何となく子ども心を取り戻してもの作りできるのではないかという想いもあった。絵の具で床を汚さないよう、クラフト紙を敷いたり、待合室のソファをサイドテーブルのかわりにして虹の木片を置いたりして、診療所がもの作りの場となるための工夫もした。

最初は、虹を描くのに茶色の絵の具のみということもあってか、なかなか手が動かない職員さんもいたが、子どもたちの水玉や縞模様といった自由な虹が生まれてくる勢いに、少しずつ夢中になり、皆が集中して手を動かしだした。

気づけば診療所の待合室が、すっかりいつものもの作りを楽しむ、モーネのような空間になっていた。予定していた枚数の倍以上準備していった虹の木片は、皆が楽しんでくれたおかげで、一時間もたたないうちになくなってしまった。壁に貼る虹を一枚ずつ選んでもらい、「残りは家で飾ると、クリニックBeと家が虹でつながるよ」と伝え、持ち帰ってもらった。

番先生は、にぎやかなワークショップのあいだじゅう、子どもたちや職員さんをにこやかに見つめながら、静かにご自身の虹を描いていた。途中、小さな子どもの筆が触れたのか、番先生の素敵なシャツの背中に、茶色の絵の具がついているのに気づき、私がびっくりしてどうしようと騒いでも、先生はそのことも、ただ静かに微笑んで対応してくれた。

ワークショップが終わり、皆から「今日は本当に楽しかったです」と、たくさんの笑顔と感謝の言葉をもらえた。帰るときに「これあげる」と、自分で折ったピンク色の折り紙をくれた女の子もいた。もの作りの時間を楽しんでもらえたかなと、とてもうれしい気持ちになった。

皆が帰ったあと、作家さんが描いた壁画の動物や虹のまわりに、番先生と職員さん子どもたちが作った虹を飾り、壁画は完成した。

ワークショップで作られた虹と作家さんが描いた動物たちがひとつになって完成した壁画。

……………

もの作りの時間のあとで

後日、ワークショップに参加した皆さんから感想文が届いた。

「壁画のおかげで、Beがますますやさしいイメージになりました。文字がなくても動物たちの一生懸命さが伝わってきます」、「先日病院に来た子どもがお母さんと離れて泣いていたのですが、階段に飾られている動物たちを見て泣き止み、二階の『にじ色ひろば』に入るときには笑顔になっていました」など、患者さんの反響も聞かせてくれた。

また、「最初はふつうの虹の色と違う色でも、虹は虹に見えるということを知り、型にはまった考え方でなくてもいいんだ」、「子どもの柔軟な考え方や発想力を大切にし、見守れる大人にならないと、と改めて考えさせられました」、「すべての物事を柔軟な頭で見て考え、問題点を的確に見つけだし、先生の補助と患者さんやその家族のために、少しでも役に立てるよう、日々勉強していきたいと思えた大切な一日になりました」など、診療所に愛情をもって働いておられる皆さんが書いてくださった言葉ひとつひとつから、ともにすごしたもの作りの時間が、協働となったことが伝わってきた。

番先生の感想は、職員さんたちから届いた手書きアンケートにはなく、しばらくしてからメールで送ってくださった。番先生がワークショップで描かれた二本の線で区切ったシンプルな虹の画像も添付された、長い感想文だった。

「この虹の図柄は私の心を表しています。クリニックの理念とは、遠い遠い目標です。私のなかにはふたつの心があります。飾ることも意識してゴールドとコッパーを使いました。善と悪、勤勉と怠惰、利益追求と奉仕。このような対比するものです。さまざまな岐路に立ったときのみならず、普段の診察の場面においても大事にしているもの（大事にしたいもの）、それが色のない部分です。対患者、対親、その日の自分の体調、仕事の進み具合、さまざまな要因からフリーになって、患者さん、ご家族を感じることです。この二色がプラスの体験やマイナスの体験であるとすると、それらの影響を除外することはできませんが、無心と呼ぶような心構えをなくさないようにしたいと思っています。今回、この無色の部分から、アーツプロジェクトさんにご相談し、私たちも考えていなかった素敵な物語を作っていただきました。今後の私にとって、またクリニックにとって、今回のイベントはプラスの体験として残っていくと思いますし、次の行動に影響するものと思います。開業して二年がすぎ、改めてクリニックBeの方向性、色に想いをめぐらせるよい機会を与えていただきました」。

あの短くてにぎやかな時間に、こんなに多くのことをご自身と対話されながら静かに虹を作られていたんだと、胸が熱くなった。私は四国の病院の仕事をしたとき、ここは本当にすばらしい病院だと思った。番先生の病院で仕事をしたときには、組織の大きさでなくトップに立つ人の志ひとつでこんなにも変わることができるんだと教わった。決して都会ではない、和歌山の田辺市にある海辺の小さな診療所で、自分のできることを懸命につづけることは、まさに『ハチドリのひとしずく』と同じだという思いがした。病気を治癒するのは、医療技術だけではなく、ひとりの人として相手と向き合えたときに、目に見えない不思議な力が働く気がしている。番先生のような医療者が存在することは、未来を担う子どもたちにも私たちにとっても希望だと感じた。

自分の言動の良い面と悪い面の両方をきちんと口にする人は、信頼できる人だと思っている。医療者である番先生が、医療技術だけでなく、こんなふうに人として謙虚な姿勢で患者さんの病気やご家族と向き合い、今できることだけを実行していることに、ひとりの人として心から尊敬した、初めての病院内でのワークショップ経験となった。

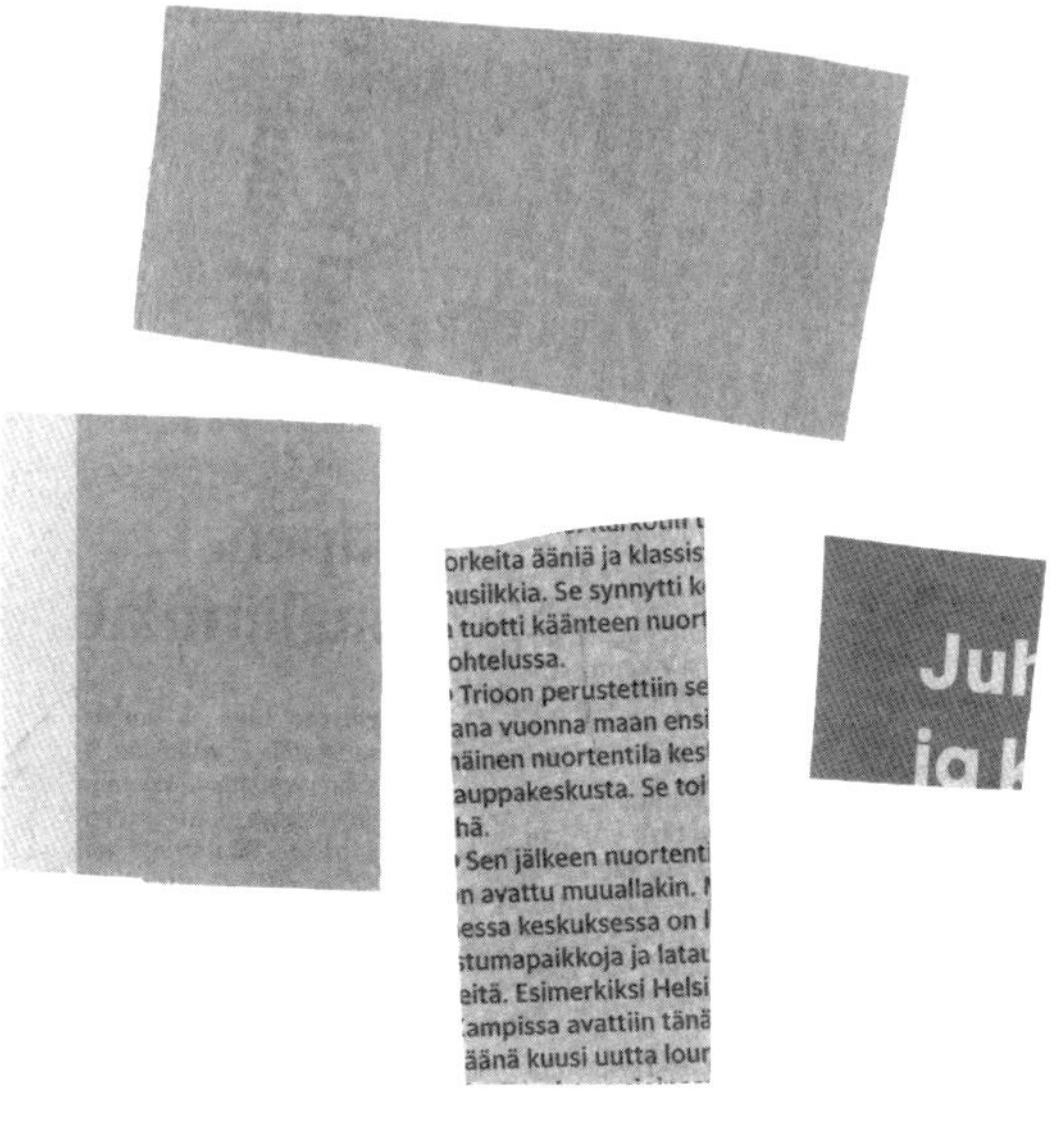
orkeita ääniä ja klassis
nusiikkia. Se synnytti k
tuotti käänteen nuor
ohtelussa.
Trioon perustettiin se
ana vuonna maan ensi
näinen nuortentila kes
auppakeskusta. Se toi
hä.
Sen jälkeen nuortenti
n avattu muuallakin.
essa keskuksessa on
stumapaikkoja ja latau
eitä. Esimerkiksi Helsi
ampissa avattiin tänä
äänä kuusi uutta lour
Juh
ja k

ホスピタルアートディレクター　森合音さんという人

赤澤かおり

四国こどもとおとなの医療センターは、この人なしに今はなかっただろう。こんな始まりから書き出すと、きっと、いえいえ私ではなく、と笑顔で引き戻されてしまいそうだが、やっぱり医療の場でここまでできるのだという、無限の広がりを見せた、空間、人々の動きは、森合音さんという人なしには、まったくもって引き出せなかったと感じている。

森合音さんは、病院にアートを取り入れる活動をしているNPO団体の代表を務めている。現在、この四国こどもとおとなの医療センターに週三〜四日出勤するほか、全国各地から依頼があれば飛んでいき、話を聞き、ともに活動することを主としている。

そもそもの始まりは、自身のご主人を亡くされたことからだった。長いこと病にかかっていたわけではなく、急死だったという。合音さんは取り憑かれたように、目にしたものを次々と撮影しては実際のフィルムと自身の心の奥底にあるフィルムに焼き付けた。そしてご主人がはいていたジーンズをほどいては、その写真に縫い付けるといった作品を作り続けた。

「なぜかわからないんですが、あの頃は〝青いもの〟ばかりが目に入ってきました。それでブルーをテーマにしていた井上ようこさんの展示を観に行ったんです。海や月や空。静かに物思いにふけるものたち。そこに私が見たかったものが全部描かれていた。胸のつかえが溶け出したように絵の前で涙が止まらなくなって。絵が誰にも話せなかった胸の内を受け止めてくれたのだと感じました。そこからモーネ工房という場所があり、井上由季子さんという方がものづくりの学校を主宰されているということも知りました」。

最初は、何を求めてかたちにしていたのかと問われたら、答えは明白ではなかった。けれども合音さんの根底にある痛みがそうせずにはいられなかったという。それは少しずつ、痛みの正体と向き合っていく作業だったのかもしれない。切実な想いを作品にしたり、誰かの作品に触れたり、自分の痛みを客観的に見つめることができるようになった頃、合音さんの表現は、これまでとは違ったかたちへと変化していった。その頃出会うことになった井上由季子さんとのことを合音さんはこんなふうに振り返っている。

「由季子さんのつくり出すものは、アートでもデザインでもない、じゃあ何か、と問われると、ひとことで表現するのは難しいですが、あえて言うならば〝誰かを想うものづくり〟というのが一番しっくりくるかな。今、目の前にいる人や、もう二度と会えない誰かを想ってつくるもの。鎮魂のものづくりと言ってもいい。つくることでつくった者自身が癒され、同時に受け取った者の痛みを軽減するようなものづくりの在り方。それは井上ようこさんの絵画からも感じる在り方でした。ファインアートという枠のなかでは生きづらいと思っていた私自身の衝動は、ようこさんや由季子さんを含め、たくさんの人たちに出会ったことで、影響され、少しずつ今のようなかたちになっていったのだと思います」。

時がくれば会える人には会える。でも時がととのっていなかったら、その関係性は成長していかない。あのタイミングで出会えてなかったら、今こうして病院にものづくりの場を共に生み出し、それを病院と共存させることはできなかったかもしれない。そう合音さんは今までを振り返った。

ホスピタルアートという言葉を聞いたことがあるだろうか？　はたしてこの言葉が合音さんをはじめ、医療関係者の方々、由季子さんやモーネ工房のスタッフたちが成し得てきたことがこの名称とマッチしているかどうか定かではないが、世の中全体として考えると、人間の生死が関わる場での、この壮大な、愛溢れる彼らの活動は、こんな言葉でも総称されることがある。

合音さん曰く、私たちがしていることは、ものすごい美術作品をロビーに飾ることでも、アーティスティックに生花を飾ることでもない。絵も、子どもが何気なく描いたものかもしれないし、近所の方々のスケッチかもしれない。ときには絵本作家の方が無記名で送ってきたものかもしれない。絵に限らず、花も野に咲く普段よく目にするものや、日常と変わらず、本屋さんや図書館で本を選ぶときのように、さまざまな本が手に取れる環境をつくることだったりする。こうして挙げれば、病院内のアートと呼ばれるものは、キリがないし、まだまだ考えつくもの、こともたくさんあるという。こういったものがなぜ必要か、それは簡単に言ってしまえば、日々起こるさまざまな問題解決のための対話の場をつくるためでもあり、患者さんたちが病院にいながらにして自身の日常感を失わないためでもあった。

合音さんの部屋には院長先生が来たり、お掃除のおばさんが立ち寄ったり、医療事務の方たちがドアを開けることもある。そこで雑談しながら、皆が今あることへの問題やそれを改善すべく、アイデアを出していくのだそうだ。共通しているのは、ここで働く誰もが、よどみない空間をつくっていきたいと思い、人まかせではなく、自分たちでやってみようという思いがあること。それが幾重にも重なり合い、パワーになっているのだろう。

病院にアートがあることは、単なる対処療法ではない。日常に自らを浄化する場を置くということなのだ。それは医療者側も患者側もともに必要なもの。プラス、患者側が痛みを表現しやすい場にすることも大切なことだと合音さんはいう。「どう痛いのか、痛いときは痛いと言っていいんですよ、と言える空気があり、それに医療者側が気づき、次へとつなげる。たえまない痛みの表現があることは、よどまず、改善に向けて変化し続けているということ。自然と同じです。自分ひとりではなく、自然とともにあるアート、それが私たちの考える病院のなかにあるアートです。患者さんである前に、医療者である前に、まず個々であることを互いに知り合う。そのきっかけを生み出すのは、病院のなかにある一枚の絵だったりするのではないかと思っています」。

実際に合音さんが行っている病院内のアートとはこういうことだ。

・病院の理念を表現するアート
・業務改善のためのアート
・患者さん、近隣に在住のお年寄りの方々も含め、ともに誰もがすごしやすい病院をつくっていくアート

こうして書き出してみると、ごくふつうのことのようだが、このふつうというのがなかなか

難しい。上記に共通しているのはすべて、人が集まるところで話がしやすく、事をスムーズに運ぶための手助けをするためのアートなのだ。これらを実現させるために、まず合音さんが行うのは、院内各部署からの問題提起→焦点となっている現場の医療者側へのヒアリングだ。ここでスタッフたちが日頃、感じていることを引き出すのが合音さんの仕事。先に患者さんたちがこういうことで大変な思いをしているといった患者さんからの言い分だけを突きつけてしまうと、医療者側と敵対してしまうことになりかねない。まずは、医療者側の思いを聞き、そこから何が問題なのか、ともに考えを出し合っていくのが合音さんのプロジェクトにおける第一歩だ。

その後、制作者となるアーティストの方と話し合い、医療側に企画提案をする。対話し、印象を伝えると同時に思いを話す。病院内のアートは、作品というより、自分も含め関わった人たちすべての哲学が送られ、それが化学反応を起こして生まれるものだと合音さんは考えている。決してひとりでは生み出すことができないものなのだ。しかも病院をつくるということは、単純にアートを施せばそれでいいというわけではない。時間もまた病院がつくられるうえでとても重要な役割を果たす。予定調和ではいかない。だから合音さんはいつもどこかに余白をつくっておくようにしていた。

「大きな流れを意識しておけば、細かいことは自然と淘汰されていきます。完璧なアート空間をつくるのが私たちの役目ではないのです。より良い医療空間をともにつくりあげることが役目。まだ見えてこない部分は、あせらず余白として確保しておきます。だから、ゆっくり、ゆっくり長い時間をかけて病院をつくっていくための道のりを覚悟しているのです。やらなくてはならないことがドッと押し寄せてきてギューギューなときもあるけれど、今焦ってやらなくてもいいことも病院のなかに残しておきたい。その余白が、予期せぬときにいい方向に動き出したりするんですよ」。

こんなふうに病院におけるアートに取り組む合音さんに、どうして由季子さんのものづくりを取り入れることにしたのか聞いてみると、こんな返事が返ってきた。

「由季子さんのつくるものって、とても日常的なんです。ちょっとした工夫でいつも見慣れているものたちがこんなに素敵になるんだ。ということが、由季子さんの作品を見たときに一番感激したことでした。その驚きと感激をもっとたくさんの人に知って欲しいというのが一番の思いです。誰かのひとことが人生を助けてくれることって、意外なようですけど、すごくたくさんあります。ちょっと机の向きを変えることで長年の引き出しの使いづらさが解消したり、きっかけは小さなことだけれど、人生が急に楽しく豊かになるような気づき。由季子さんがつくるものには、そういうものが詰まっていると感じたんです。それは日常の香りがするから。特別なことはそう毎日でなくてもいい。でも日常は日々の積み重ねです。日常の中にどうやって楽しみを見い出していくか。例えその日常が痛みに縁取られていたとしても、工夫次第で必ず楽しむ余地はある。それこそが、私たちが大切にしているかけがえのないことです。由季子さんの手からは、その温もりがあふれていました」。

何のためにこの活動をしているのかと訊かれることも多いと、合音さん。それはどんな問題も解決に導いてくれる「コミュニケーション」を途切れさせないため。みんなが考えたら、どこででも何でもできるし、ちょっとしたことで大きく変われる。そういうことを伝えたいし、広げていきたいというのが合音さんの思いだ。すでに、たくさんのことを実現しているけれど、まだまだやりたいことは山ほどあり、もっと前に気づけていたら、と思うことも、しばしばあるのだそうだ。

「これでよし、はない。表現するってことは何らかの反応が返ってくる、やりとりがあること。コンセプトやプロセスがないと意味がないんです。なぜそうしたのか。その物語が大切。完成したものを見た目だけで判断するなら、好きか嫌いか以上の答えしか出てきません。でも、なぜそうしたのかを話せば「じゃあこんなのは？」と返ってくる。「なるほどそんな手もあるね」と対話が始まる。それが物語を共有するということ。いろいろな正解があっていいのだと思って、この活動を続けています」。

合音さんの言葉は、いつでもはっきりとしていて何の迷いも、曇りもない。言葉そのものもそうだが、口から出る音は、晴れ渡った青空に響く、リズミカルで幸せな音楽を奏でているように聞こえて仕方がなかった。

ところで実際に病院を訪れ、目にしたことでわかったのは、合音さんが病院内でやってきたことのほとんどは、病院という場におけるさまざまな潜在意識を真っ向から覆すものばかりだったということだ。

例えば、各階にメインとなる色を設けているのもそんなことのひとつといえるだろう。一階は、入り口なのでWelcomeの意味を込めた色と種を意味する色を、二階は救急エリアなので落ち着く色。そして芽が出るという意味合いも込められた色。三階は出産や母をイメージした色で、花がイメージされていた。単純に何階と表記するのではなく、それぞれに「ももいろの丘」「そらいろの丘」などといったネーミングがつけられているのも、なぜだろう、ほっと気持ちが落ち着いた。全体を通して一番使用することになる白は、どんな色にも合うように、と数ある微妙な違いの白から丁寧に選ばれた白となった。手術室には、その白をベースに窓が描かれ、その先の景色としてオリーブやみかんの畑が広がっていた。

病棟には小児病院ならではの、さまざまな建築上の配慮と工夫がなされていた。中川院長の想いを建築家がかたちにしたものだという。病室を出たら廊下、ではなく広場をイメージできる空間づくり、壁の色や家具の色、病室に飾る絵は全国から収集した三百あまりの作品から、患者さんが自分たちで選べるシステムが整えられていた。ナースステーションは腰高の低い位置に設え、開放的なイメージとなっている。

「大切な人を亡くしたとき、こんなにもつらく、苦しいだなんて、と思いました。でも悲しみや痛みは永遠に続くものではないと気づきました。ひとりで抱え込まないで勇気を持って痛みを表現すること。「助けて」と、言えば誰かが応えてくれる。表現すれば誰かに伝わって変化が始まる。そこからまた新しい未来が創造されるのだと。痛みから目をそらさず引き受ける覚悟をすれば、そこから何度でも立ち上がれるのだと。少し、目線を変えれば世界はこんなにも違って見え始めます。教えてくれたのは「アート」という表現のフィールドでした。私はそれを経験できたから、人に伝えられるようになったと思うんです」。

合音さんが散りばめてきたカラフルな色のかけらは、子どもたちだけではなく、患者さんも医療者側の人たちをも救ってきたのではないだろうか。実際、病室の壁紙を三百種類も使っているのは、全国でも珍しいという。色だけではない、「個があり、思いを理解して各人が協力し合う」各所に見るロゴマークにもしかとそんな想いが込められてた。

何かをすごくしているようにはしない、余白を残す。と、合音さんはよく口にしていた。つくり込むのは難しいようで意外と簡単なことなのかもしれない。むしろ、つくりすぎず、フレキシブルでいることのほうが難しいと教えられた。そして、その難しい余白を残す余地をつくることで、そこから個が響き合い、ハーモニーが生まれるのだろう。

伝わるかどうかは別として、伝える努力をすることが大事と、合音さん。人はつい相手の反応を期待してしまうところがあるけれど、それ以前に自分自身が個としてどうあるべきなのか。この言葉には痛いところを突かれた。これは病院内におけることだけではない、社会の一員として地域の一員として、それが欠落してしまうことで起こり得る不愉快なことは少なくないと思った。

「伝える努力は自分ひとりでしているわけではないから、だから頑張れるところがありますよ。分かち合える人たちがいることで、感動もある。それがとてもありがたいことだと感じています。思いやりは、見えないところにたくさん隠れているんですよね」。

病院の屋上にあるガーデンで、合音さんはこれ以上ないくらいの笑顔でそう言いきり、その向こうのゆったりなめらかなラインを描く讃岐富士と何か大切な決め事をするときにいつも見に行くという善通寺の大楠を、黙って眺め続けていた。個を主張するのではなく、個を互いに知ること。すべてはそこからなのだと教えられる。

日常的なところから美を発見していく。それはとても日本的なことだ。日本人が自然と共存してきたからこそできる表現だと合音さんはいう。またそれは、肩の凝らない表現であり、それでいてエッジが効いている。由季子さんのつくるものは、使う人を想像してデザインされていたからおのずとその考えが作品に出ていたのだそうだ。大切な人が病気になったとき、何ができるか――合音さんが一番に思い浮かべたのは、病室に生花を飾ることだった。自然の命で命を支える、その延長線上にあるのが、まさに由季子さんのものづくりだったのだ。

「主人が亡くなったとき、私は一度死んだようなもの。人生いったん終わったと思っていました。それからです、誰にも言えない自分のなかにあるものを表現していくようになり、写真を撮り出したのは。それを繰り返すことでこれまでいなかった自分に気づきました。そのとき初めてアートの持つ本質に触れたように思います。私を救い出してくれたのは誰かの作品を観ることや、自分の内なる思いを外に出し、紡ぐことでした。アートにはそういう可能性があると思えたし、そういうことにグッと近づける瞬間があると信じています。それを皆で共有できたらいいなと思うし、伝えていきたい」。

伝えるのは押しつけではなく、大きく、早く知らせることでもない。自分なりにできることを、この病院で自然に起こっていくことともに、じんわり伝わっていけばいい。本人にとってつらいと思うことは、使命感であり、神様から渡された課題であり、じつはそのつらさを解決するために呼ばれているのだと、合音さんはいう。意識が変わらなければ、小手先でやったことでは何も変わらない。

「ここにこんな扉があったのか、っていつも思う。だから私はフラフラと探し続けるんです。人との出会いやご縁はどんな些細なことでも絶対に意味があると思っています。しかも、自分にとってプラスの。もし、モヤモヤするとしたらそれは自分の未熟さであり、課題。そう思っています。そして、今、解けなくてもいい。だって、まだまだ途中だから。でも、目をそらすのではなくその未熟さも抱いておく。そしてチャンスがあれば、あの手この手で表現していく。日々、自然に降りてくるような直感やひらめき、ちょっとした違和感にも敏感でありたいと思っています。この場所は強い地場もあるんでしょうね。その昔、空海さんが生まれた場所ですから」。

合音さんの口からこぼれ出る言葉は、やさしくも強く、そして忘れることのできない表現がいくつもあった。今こうして振り返りながら原稿を書いているとその口元が思い出され、次から次へと浴びた温かな言葉の数々が降ってきてやまない。魂の人――合音さんを思うたび、私の心の奥底から湧き出てくるフレーズだ。こんな言葉が似合う人はそうそういないし、そうそう出会うこともないだろう。その人に見出され、自らの使命をまっとうし続けている井上由季子さん、あなたがいなかったら、合音さんに出会うことはなかったかもしれない。合音さんがいう、出会いの意味はこういうことなのだろうか。

病院内におけるアートを生み出し、場をつくり出す人たちの強く、あたたかな手で体中をしかと温めてもらったような、そんな取材だった。こんな病院がある世の中だから、まだまだ捨てたもんじゃない。宝物のような時間をつくってくれた、合音さんと由季子さんに感謝すると同時に、この先、自分にもできる何かを考え続けている。

おわりに

森合音さんという人を伝えたい。そう思ったことが、この本作りのきっかけだった。初めての病院内へのもの作りの機会が無事に着地できたのは、おおらかで温かく、真の強さを持った合音さんが寄り添っていてくださったから。個人の小さな想いが、病院という場所を安心で温かなところに変えていくことができると、気づかせてくれた。合音さんとの出会いに、心より感謝している。

本作りでも、多くの方々にお世話になった。編集の大山悦子さんと赤澤かおりさん、デザイナーの関宙明さんも、それぞれに香川の病院まで出向いてくださり、合音さんに会って話を聞き、感じた想いを大事に、本作りに向き合ってくださった。合音さんも私の想いを受け止め、長い時間、本作りもともに伴走してくださった。あまりにも大きな存在の合音さんのことは、今までもともに本作りをしてきた、私をよく知る赤澤さんにお願いした。人と会ってじっくり話し、その人をよく知ってから書くという姿勢を大切にしている赤澤さんだから、私にたくさんの気づきをくれた合音さんとのこれまでを、魂に響くような言葉で綴っていただけたのだと思う。モーネの仲間や生徒たちも、誰かの役に立つならと、それぞれの、ときには哀しい経験も話してくれた。そのおかげでさまざまな経験を加えることもできた。多くの方々の、誰かを想う心のおかげで、この本が生まれたと本当に感謝している。

一年近くかかり文章を書き終えた冬の朝、母が他界した。母の望み通りの、家で眠ったままの旅立ちだった。少し前から風邪をひいて微熱を繰り返していたが、前日は熱が下がり、デイサービスにも行き、入浴や昼食も完食したと、夕方実家に行ったときに、デイの方から報告を受けた。夕食はベッドの上で、スープとすりおろしたりんごをスプーンで。「子どもの頃、熱を出したら、いつもこうしてくれたね」と言う私に、母は微笑んだ。「この風邪を乗り切ったら、七度目の富士山の旅！」と言うと、いつもどおり母は、人差し指をピンと上げてくれた。うれしくて、私も人差し指で母の指先にちょこんとタッチして、「またね」と実家を出た。それが母との最後になった。

電話一本かけられなかった娘が、自分にできる小さなことを考え、工夫しつづけた七年間は、母が私に、最後の母乳を飲ませてくれたような、そんな時間だったと思う。今、空に向かって人差し指をピンと上げると、母がすぐそばにいてくれる気がする。

二〇一六年　七夕の頃　　井上由季子

■四国こどもとおとなの医療センター
〒765-8507　香川県善通寺市仙遊町2丁目1-1
http://shikoku-med.jp/

■赤ちゃんとこどものクリニックBe
〒646-0015　和歌山県田辺市たきない町32-6
http://www.akakodo-be.jp/

■特定非営利活動法人　アーツプロジェクト
〒654-0013　兵庫県神戸市須磨区大手町7丁目2-1
http://www.arts-project.com/

〈四国こどもとおとなの医療センターでのモーネ工房が関わった制作スタッフ〉
モーネ工房/井上由季子・井上正憲・小松美帆

◎小児病棟飾り棚「あっ!のえほん」
陶器の鳥/松栄舞子　　タイトル切り文字/八島一恵
ふじさん/石田健真・新名數雄・徳谷奏歩
こいのぼり/堀井和子　　どうぶつえん/治部あきら
ゆきだるま/野知里真理　　かがみもち/高木葉子・能勢詔子・桝谷公子
制作協力/大崎みらい・尾濱麻友・佐田芽衣・丹羽裕美子

◎成人病棟飾り棚「植物のおはなしだより」
絵はがき/吉川玲子・吉川竜二
ミニチュアのベンチ/奥田由味子　　消しゴムのはんこ/山本尚子

◎霊安室作品
井上由季子

◎花器
絵/松本朱希子　　陶器/井上正憲

◎しりとりえほん p.144
八島一恵

井上由季子（いのうえ・ゆきこ）

1958年、大阪府生まれ。京都市立芸術大学デザイン科卒業。モーネ工房とギャラリー、こどもから大人まで、手と心を動かしてもの作りする寺子屋学校を夫とともに主宰。『老いのくらしを変えるたのしい切り紙』（筑摩書房）、『住み直す』（文藝春秋）などの著書がある。

病院内でのもの作りやデザインで、ほかに日野小児科内科医院（兵庫県）、大阪市立大学医学部附属病院「医療安全のためのアート&デザインプロジェクト」（大阪府）などにかかわる。2017年秋より拠点を香川に移し、病院や高齢者施設のもの作りの発信を続ける予定。

http://www.maane-moon.com/

大切《たいせつ》な人《ひと》が病気《びょうき》になったとき、
何《なに》ができるか考《かんが》えてみました

2017年2月10日　初版第1刷発行

著者　井上由季子
発行者　山野浩一
発行所　株式会社筑摩書房
東京都台東区蔵前2-5-3
〒111-8755
振替　00160-8-4123
印刷・製本　凸版印刷株式会社

乱丁・落丁本はお手数ですが左記にご送付ください。送料小社負担でお取り替えいたします。ご注文、お問い合わせも左記にお願いします。
さいたま市北区櫛引町2-604　〒331-8507
筑摩書房サービスセンター　電話048-651-0053

ISBN978-4-480-87891-5 C0077

★好評既刊★

夢中になれる時間がこんなに人を生き生きさせる！

老いのくらしを変える たのしい切り紙

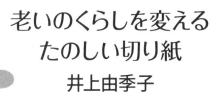

井上由季子

80歳の義母と79歳の父のために提案した切り紙
老いていく親に私たちができること

母が倒れて一人暮らしを余儀なくされた父親に、娘は「切り紙」を提案する。娘の「宿題」に取り組む79歳の父。夢中になれる時間がいつからか、生きがいを見つけるきっかけになり、コミュニケーションの少なかった親子の関係を温かなものに変えてくれた。

ISBN 978-4-480-87848-9

筑摩書房ホームページ　http://www.chikumashobo.co.jp